Les Pensées

Pierre Dac au Cherche Midi

Pensées éternelles, 2020
Le Parti d'en rire. Pierre Dac président !, 2017.
Les Pensées, illustrées par Cabu, 2015.
Avec mes meilleures pensées, 2012.
Les Meilleures Petites Annonces de L'Os à moelle, 2000.
Arrière-pensées, maximes inédites, 1998.
Dialogues en forme de tringle, 1981.
Essais, maximes et conférences, 1978.
Les Pensées, 1978.

Pierre Dac et Louis Rognoni

Cycle « Bons baisers de partout », 1982-1984 :
Opération Tupeutla
Opération Psychose-toujours
Psychose de plus en plus.

Jacques Pessis

Pierre Dac, mon maître 63, 2012.

PIERRE DAC

Les Pensées

Choisies et présentées
par Jacques Pessis

le cherche midi

Vous pouvez consulter notre catalogue général
et l'annonce de nos prochaines parutions sur notre site :
www.cherche-midi.com

92, avenue de France
75013 Paris
serviceclients@lisez.com

Composition : Nord Compo
Dépôt légal : février 2025
ISBN : 978-2-7491-8239-1

« Dire qu'il existe des gens qui préfèrent François Mauriac à Pierre Dac.
Comment se peut-ce ? Si je devais écrire une biographie un jour, j'écrirais celle de Pierre Dac. Je voudrais tant expliquer aux cons et aux jeunes l'importance de cet homme dans la pensée moderne. Pierre Dac est à l'esprit d'aujourd'hui ce que Charles Trenet est à la chanson. Merci, Pierre Dac, de nous avoir enfoncé tant de portes ! »

San-Antonio, *Emballage cadeau*

Je me suis souvent demandé où j'allais chercher tout ce que je trouve.
Et je n'ai jamais trouvé de réponse à me faire...

Pierre Dac
(1893-1975)

ATTENTION !

Une édition originale sur papier peint, couverture tissu éponge et jaquette de cérémonie est également disponible au prix raisonnable et abordable de 99 francs, taxes, TVA, BHV, HLM, service et couvert compris. En vente chez votre quincaillier habituel.

RÉSUMÉ DES ÉPISODES PRÉCÉDENTS, ET FUTURS

Des centaines d'aphorismes, rédigés à la main d'une écriture ronde, reconnaissable entre mille... La publication des *Pensées* de Pierre Dac est le résultat de cinquante ans de travail. Depuis ses débuts en 1922 dans les cabarets de chansonniers de Montmartre, il n'a cessé de les imaginer, mais aussi, et surtout, de les peaufiner. Extrêmement pointilleux sur la rigueur du mot dans la langue française, il m'a expliqué un jour avoir réalisé, au bout de plusieurs décennies, qu'écrire « Celui qui est parti de zéro pour n'arriver à pas grand-chose n'a de merci à dire à personne » n'était pas rigoureusement exact. « La logique veut que l'on parte de zéro, certes, mais pour n'arriver à rien ! », s'est-il exclamé.

Derrière la logique de l'absurde de ces maximes, on discerne, en filigrane, une certaine philosophie. Il assure ainsi, à sa manière, la relève de Pascal. La couverture, où il apparaît avec une perruque, ne doit donc rien au hasard. Il va également poser ce postiche sur son crâne dégarni à l'occasion de quelques apparitions à la télévision, en particulier dans l'émission « Samedi soir » de Philippe Bouvard.

Ce recueil, tiré à l'origine à 2 000 exemplaires, est devenu un best-seller qui a déjà touché plusieurs générations de lecteurs. Les rééditions n'ont jamais cessé de se multiplier. L'une d'entre elles, en 2015, a été illustrée par Cabu, né, comme Pierre Dac, à Châlons-en-Champagne, ex-Châlons-sur-Marne.

Aujourd'hui, quelques-unes de ces pensées figurent au programme des écoles. Il ne se passe pas une semaine sans qu'un homme politique ou un journaliste ponctue son propos en citant l'une ou l'autre de ces formules dont l'auteur disait : « Le plus beau compliment que l'on puisse me faire, c'est de me dire : c'est complètement con, mais c'est vrai ! »

Pierre Dac nous a quittés le 9 février 1975, d'un manque de savoir-vivre, mais ses *Pensées* sont éternelles. C'est pour cette raison que nous avons choisi de réunir et classer, dans cette édition, la substantifique moelle des réflexions philosophiques du créateur de *L'Os*. La plupart d'entre elles figuraient dans les éditions précédentes, mais nous en avons retrouvé et ajouté quelques autres, qui ne méritaient pas de demeurer inédites.

Dans un futur que j'espère plus que parfait, même si cela relève de l'inconditionnel, je forme le vœu qu'elles continuent à faire sourire ou rire, voire réfléchir, celles et ceux qui les liront. Ils démontreront ainsi l'inverse de ce qu'assurait notre « maître 63 », avec une fausse gravité : il vaut mieux passer à la postérité que passer hériter à la poste.

Jacques Pessis

AVANT-PROPOS

À part ceux qui l'ignorent parce qu'ils n'en savent rien, et réciproquement, tout le monde sait que la pensée a, de tout temps, joué un rôle aussi considérable que prépondérant dans la société d'encouragement pour l'amélioration de la race chevaline humaine.

Aussi est-ce en vertu de cet universel constat que j'ai, au cours de ma déjà longue carrière (de ma déjà longue carrière de pierre, puis-je même dire, puisque tel est mon prénom), accumulé en les amoncelant, et réciproquement, un nombre aussi considérable que très important de pensées cogitées et réfléchies par moi en toute connaissance de juste cause et de raison pure, ainsi qu'en toute impartiale et sereine objectivité. Poil à la vérité.

J'en ai soigneusement et minutieusement trié sur le volet, les persiennes et les stores métalliques une certaine quantité, plus que certaine, même, en prenant soin, après triage scrupuleux, de les choisir méticuleusement parmi les plus profondes, les plus pertinentes et les plus édifiantes, à effet de les soumettre à votre libre appréciation tout en vous informant qu'après lecture faite, persistance et signature, elles sont remboursées par la Sécurité sociale, sur simple présentation, à la caisse centrale ou régionale, d'une pièce d'identité ou, à défaut, et de préférence, d'une pièce de 100 sous.

Les voici donc, par ordre successif de pensées successives et sans ordre protocolaire de présence, c'est-à-dire en ordre dispersé par les forces de l'ordre et par ordre de la préfecture de police, en vue d'assurer le maintien de l'ordre public, national et démocratique. Poil aux arthritiques.

Et maintenant, place au premier propos sans préjudice des suivants.

Poil aux survivants.

Pierre Dac

LE TEMPS FAIT BEAUCOUP À L'AFFAIRE

Pensées éternelles

Ceux qui pensent à tout n'oublient rien. Ceux qui ne pensent à rien font de même, puisque, ne pensant à rien, ils n'ont rien à oublier.

*

Tout penseur avare de ses pensées est un penseur de Radin.

*

Il ne faut jamais remettre au lendemain ce qu'on peut faire faire le jour même par un autre.

*

Les pensées fugitives sont celles qui passent à la sauvette sans laisser de traces.

*

Le rire est à l'homme ce que la bière est à la pression.

*

Celui qui, dans la vie, est parti de zéro pour n'arriver à rien dans l'existence n'a de merci à dire à personne.

*

Le crétin prétentieux est celui qui se croit plus intelligent que ceux qui sont aussi bêtes que lui.

*

Ceux qui sont myopes d'un œil, presbytes de l'autre et qui louchent, par surcroît, n'ont aucune excuse valable de ne pas se rendre compte de ce qui se passe autour d'eux.

*

Quand on prend les virages en ligne droite, c'est que ça ne tourne pas rond dans le carré de l'hypoténuse.

*

Si en vérité pure on a toujours raison de ne pas avoir tort, en réalité altérée, on a souvent tort d'avoir raison.

*

Ceux que la fumée n'empêche pas de tousser et que la toux n'empêche pas de fumer ont droit à la reconnaissance émue de la Régie française des tabacs.

*

Un concerné n'est pas forcément un imbécile en état de siège, pas plus qu'un concubin n'est automatiquement un abruti de nationalité cubaine.

*

Quand on n'a besoin que de peu de choses, un rien suffit, et quand un rien suffit, on n'a pas besoin de grand-chose.

*

DERNIÈRE MINUTE

De Santiago du Chili :

C'est la pharmacie Lopez qui sera de garde dimanche prochain.

*

Une mauvaise photo qui rappelle vos traits vaut mieux qu'un beau paysage qui ne vous ressemble pas.

*

Rien n'est plus semblable à l'identique que ce qui est pareil à la même chose.

*

Si rien n'est plus rare que ce qui ne se produit pas souvent, rien n'est plus fréquent que ce qui arrive tout le temps.

*

Celui qui ouvre la bouche manque toujours une bonne occasion de se taire.

*

Ce n'est pas parce qu'en hiver on dit : « Fermez la porte, il fait froid dehors », qu'il fait moins froid dehors quand la porte est fermée.

*

Les souvenirs récents qui ont le respect des anciens s'effacent devant eux.

*

Il vaut mieux prendre ses désirs pour des réalités que son slip pour une tasse à café.

*

La véritable modestie consiste toujours à ne jamais se prendre pour moins ni plus qu'on estime qu'on croit qu'on vaut, ni pour plus ni moins que ce qu'on évalue qu'on vaut qu'on croit.

*

Celui qui, victime d'un sort injuste, se retrouve à bout de recherches, de démarches, de force, de souffle, de ressources, d'arguments et de nerfs, n'est pas encore, toutefois, au bout de ses peines.

*

Le fait d'avoir la tête en feu n'exclut pas, toutefois et néanmoins, d'avoir le feu au cul.

*

C'est quand les accents graves tournent à l'aigu que les sourcils sont en accent circonflexe.

*

La solution est au problème ce que le résultat est à l'entreprise.

*

Le véritable égoïste est celui qui ne pense qu'à lui quand il parle d'un autre.

*

L'infini ne peut guère conduire qu'à zéro et réciproquement.

*

Ce qui, apparemment, ne sert jamais à rien pour les uns peut, effectivement, servir toujours à tout pour les autres.

*

N'importe quoi vaut souvent mieux que rien du tout, et réciproquement.

*

Quiconque n'est pas souvent quelqu'un, et inversement.

*

La perte d'un objet bon marché est préférable à celle d'un être cher. Encore que l'une n'empêche pas l'autre.

*

Une fausse erreur n'est pas forcément une vérité vraie.

*

Pour partir ensemble, il est préférable de s'en aller en même temps.

*

Il est souvent trop tôt pour savoir s'il n'est pas trop tard.

*

On saisit bien mieux quand on ne comprend rien.

*

DERNIÈRE MINUTE

De Santiago du Chili :

Contrairement à ce qui a été annoncé, ce n'est pas la pharmacie Lopez, mais la pharmacie Gomez qui sera de garde dimanche prochain.

*

C'est dans les heures graves qu'il faut que chacun se dépêche d'attendre.

*

Il n'est pas plus difficile de prendre quelqu'un pour un autre qu'un autre pour quelqu'un.

*

On a déjà vu des veillées sans lendemain mais jamais de lendemain sans veille.

*

À quoi servirait l'intelligence si l'imbécilité n'existait pas ?

*

Rien ne peut servir à tout, mais tout peut très bien ne servir à rien.

*

Il est permis de dépasser les bornes, à condition toutefois de rester dans les limites.

*

C'est quand on a raison qu'il est difficile de prouver qu'on n'a pas tort.

*

Ceux qui ne savent pas trop à quoi ils pensent sont peut-être les mêmes que ceux qui font ce qu'ils peuvent pour penser à autre chose que ce à quoi ils ne pensent pas.

*

L'homme est d'autant plus fort devant l'adversité que celle-ci est plus faible.

*

Bien penser à tout ce qu'on dit ne signifie pas qu'on dit toujours ce qu'on pense.

*

Ce n'est pas une raison parce que rien ne marche droit pour que tout aille de travers.

*

C'est quand on veut bien se donner la peine de réfléchir à quelque chose qu'il est temps d'y penser.

*

La marche du temps donne l'exemple de la discipline : jamais un seul jour n'a essayé d'en passer un autre avant son tour.

*

Rien n'est plus agaçant que de ne pas se rappeler ce dont on ne parvient pas à se souvenir et rien n'est plus énervant que de se souvenir de ce qu'on voudrait parvenir à oublier.

*

La véritable philosophie, tant morale que fondamentale, consiste toujours, en toutes circonstances, à ne jamais se faire plus de bile que de mauvais sang. Et réciproquement.

*

Si un imbécile ne peut jamais rien faire d'intelligent, un homme intelligent peut parfois se comporter comme un imbécile.

*

Ce n'est pas en tournant le dos aux choses qu'on leur fait face.

*

Il est souvent préférable de savoir ce qu'il ne faut pas faire que de ne pas savoir ce qu'il faut faire.

*

Si l'existence est une course d'obstacles, la vie est une marche d'épreuves.

*

Une belle idée qui n'aboutit pas vaut mieux qu'une mauvaise qui voit le jour.

*

Les gens superstitieux vous recommandent de ne jamais passer sous une échelle mais ne vous empêchent pas de passer sous un taxi.

*

Ce n'est pas n'importe qui peut être quiconque.

*

Quand il y a du mieux dans le moins mal et du moins mal dans l'un peu mieux, c'est que ça va moins mal. Dans ce mieux moins mal et ce mal mieux, l'mieux va moins mal et l'mal va mieux. En somme, dans l'attente d'être heureux, on se prépare à aller mieux.

*

C'est par la somme des mois qu'on dresse le bilan de l'année.

*

Quand on est trop bonne pâte, on risque de finir dans le pétrin.

*

Les meilleurs moments, dans la vie à deux, c'est quand on est tout seul.

*

Puisqu'un homme averti en vaut deux, nous sommes 130 millions de Français à constater qu'il y a du mou dans la corde à nœuds.

*

Écouter les autres, c'est encore la meilleure façon d'entendre ce qu'ils disent.

*

Mieux vaut s'attendre au prévisible que d'être surpris par l'inattendu.

*

Personne n'est responsable de rien à part les autres qui sont capables de tout.

*

Selon Saint-Just, la pensée est à l'homme ce que le droit est au citoyen • Selon Schopenhauer, ce que la bière est à la pression et ce que la moutarde est à la saucisse • Selon Chateaubriand, ce que l'épaisseur est au filet de bœuf grillé • Selon Shakespeare, ce que Roméo est à Juliette, et réciproquement • Selon Marcel Proust, André Gide, Oscar Wilde et Roger Peyrefitte, ce que la soupe est à l'oignon et inversement • Et, selon moi, ce que la main de ma sœur est à la culotte d'un zouave.

*

À chaque jour suffit sa peine, à condition que la paie tombe bien en fin de mois.

*

La mémoire, c'est du souvenir en conserve.

*

Si rien n'est moins sûr que l'incertain, rien n'est plus certain que ce qui est aussi sûr.

*

Rien n'est jamais perdu tant qu'il reste quelque chose à trouver.

*

Si haut qu'il peut grimper, un chemin qui monte n'est rien d'autre qu'un chemin qui descend en sens inverse, et réciproquement.

*

L'homme vraiment audacieux est celui qui sait se retourner dans la vie pour faire face à l'existence, au risque de se trouver soudainement et brusquement nez à nez avec ce qu'il a dans le dos.

*

Le travailleur véritablement courageux est celui qui ne craint pas de se coucher à côté de son travail pour bien lui montrer qu'il n'a pas peur de lui.

*

Pour celui qui est heureux de vivre, l'essentiel, s'il est content de l'existence qu'il mène, est d'être satisfait de son sort.

*

Dans la vie, il ne sert à rien de tenir bon la rampe, si celle-ci est branlante et les marches de l'escalier aussi.

*

La véritable et sincère amitié verbale profondément superficielle est celle sur laquelle on peut absolument compter quand on n'a strictement besoin de rien.

*

Les choses étant ce qu'elles sont, à défaut d'être ce qu'on voudrait qu'elles soient ou fussent, c'est quand y en a ras le bol qu'y en a plus que marre parce qu'on en a par-dessus la tête d'en avoir plein le curriculum vitae.

*

DERNIÈRE MINUTE

De Santiago du Chili :

En raison du subit décès du pharmacien Gomez qui devait assurer le service dominical, c'est à nouveau la pharmacie Lopez qui sera de garde dimanche prochain. Selon certaines informations, M. Lopez serait au bord de la dépression nerveuse.

LE PARTI D'EN RIRE

Pensées politiques

La politique à l'état pur consiste à ne faire que de la pure politique au service de la pureté de l'État.

*

Les politiciens sont à la politique ce que la confection est au sur-mesure.

*

Le postulant politicien doit établir, preuves en main, de façon claire, que son casier judiciaire porte au moins dix condamnations pour faux, escroqueries, concussions, outrage public à la pudeur. Il doit prouver, de façon authentique, que son père était alcoolique, sa mère complètement hystérique et qu'elle passa son existence à se vendre, sans résistance, pour 3,50 euros la séance, pourboire et accessoire compris. Indépendamment, il doit être de l'opinion de ceux qui lui lâcheront du pognon. Enfin, il doit avoir plus l'air d'un constipé que d'un moulin à vent. S'il remplit ces conditions, il deviendra, peut-être, un vrai politicien.

*

Un homme politique qui désire séduire son auditoire ne doit pas manger de la viande hachée. Ça rend la parole coupante.

*

Un homme politique dont la vue baisse se doit de baisser avec elle.

*

S'il existait une école de la politique, les locaux devraient être édifiés rue de la Santé. Les élèves pourraient s'habituer.

*

DERNIÈRE MINUTE

De Santiago du Chili :

En raison de l'évidente mauvaise volonté manifestée violemment par le patron de l'officine et de l'état de fureur dans lequel il se trouve, c'est par arrêté municipal et sous la contrainte de la garde civile que la pharmacie Lopez sera de garde dimanche prochain.

*

Les politicards sont les aboyeurs de la politique.

*

En basse politique, la brosse à reluire parlementaire sert à faire briller d'un insolite éclat les plans inclinés plus bas que terre.

*

En politique générale, un transfuge est un politicien qui va de fuge en fuge sans transition.

*

La politique d'engagement est la politique des hommes politiques qui s'engagent, plus ou moins volontairement, à tenir les engagements pris à la majorité des minorités plus ou moins agissantes.

*

Le permis de conduire les affaires publiques devrait être exigible pour tous les postulants à la conduite du char de l'État.

*

La direction d'un État détermine les formes de son activité dans la mesure où elle ne la déforme pas.

*

Le suffrage universel est, avec la femme et le cheval, la plus noble conquête de l'homme et du citoyen.

*

Si gouverner, c'est prévoir, prévoir, c'est voir de loin. Ne serait-ce que pour y regarder ensuite de plus près.

*

Le véritable et habile homme d'État gouverne avec une main de fer dans un gant de velours et non avec une main de toilette dans un gant de crin.

*

Le président de la République est élu à la majorité absolue des suffrages exprimés à haut et intelligible vote et le moins grossièrement possible.

*

Le président de la République nomme le Premier ministre sitôt après que celui-ci s'est nommé en déclinant ses nom, prénom et qualité.

*

Les actes du président de la République sont contresignés par le Premier ministre, à l'exception de ses actes de naissance, de mariage, de vente et d'achat notariés, sous seing privé, et de ses actes de présence aux entractes des spectacles des théâtres nationaux qu'il honore de la sienne.

*

L'article 16 de la Constitution qui, en période de crise, permet de donner des « pouvoirs étendus » au président de la République, ne doit son existence qu'à celle des articles 15 et 17 qui le précèdent et le suivent.

*

Les ordonnances prises, rédigées et signées en Conseil des ministres sont exécutées par le centre pharmaceutique parlementaire.

*

Seuls les projets gouvernementaux de bonne confection sont prêts à porter devant la bonne opinion parlementaire.

*

Le devoir du ministre de l'Éducation nationale serait d'imposer que, à l'occasion de chaque rentrée des classes, les musées proposent de grandes expositions de tableaux noirs.

*

Le Parlement comprend l'Assemblée nationale et le Sénat qui, de leur côté, font de leur mieux pour comprendre ce qu'on leur dit.

*

En ce qui concerne l'Assemblée nationale, les députés qui la composent sont élus au suffrage direct ou virés directement si leur élection est perdue.

*

Le scrutin de Liszt destiné à l'électorat mélomane : la sonate au clair de l'urne.

*

Les projets de loi délibérés en Conseil des ministres sont, après avis du Conseil d'État, non seulement purement et simplement mais encore négligemment et imprudemment déposés sur le bureau de l'Assemblée où n'importe qui peut les cravater à la sauvette.

*

Les membres du gouvernement et du Parlement ont, outre le droit d'amendement, celui de s'amender publiquement. Ce dont ils n'usent pour ainsi dire jamais.

*

Avez-vous remarqué que, lorsqu'un homme d'État se félicite de certains résultats obtenus, il est à peu près le seul à le faire ?

*

Tout membre du Parlement qui reçoit un mandat de s'amener est tenu d'assister à la session parlementaire pour laquelle il est mandaté. Il peut également s'en abstenir s'il entre dans ses intentions de s'y dérober pour des raisons personnelles et sur envoi d'une lettre d'excuses de ses parents ou, à la rigueur, de sa femme de ménage.

*

Constitutionnellement, les lois n'ont pouvoir organique que dans la mesure où la virilité de leurs organes créateurs est organiquement et virilement démontrée.

*

L'article 34 du titre V de la Constitution fixe le régime électoral des assemblées parlementaires et non le régime alimentaire de leurs membres auxquels en est laissé le libre choix.

*

La dissolution de l'Assemblée nationale dans de l'acide sulfurique ne peut être considérée que comme une solution de désespoir.

*

DERNIÈRE MINUTE

De Santiago du Chili :

Exceptionnellement, et en raison de l'état de santé de M. Francisco Lopez, qui vient d'être placé en observation au centre psychiatrique de la calle San Pablo, c'est la pharmacie Arturo Alvarez, 1986, avenida Pedro di Validvia, qui sera de garde dimanche prochain.

*

Les embarras de l'État sont souvent des embarras gastriques politiques.

*

Le corps d'un gouvernement qui tombe éparpille ses membres dans sa chute.

*

Quand un gouvernement renversé laisse les affaires publiques dans un drôle d'état, ce n'est drôle ni pour l'État ni pour personne.

*

La devise du vrai politicien, c'est : « Bon à tout, propre à rien. »

*

La politique des partis fatigue les organes génitaux de la République.

*

Le carré de l'hypoténuse parlementaire est égal à la somme de l'imbécillité construite sur ses deux côtés extrêmes.

*

Quand un parti politique bat de l'aile, il n'est pas loin de l'éclatement en vol, si plané soit-il.

*

En dépit de leurs prétentions présomptueuses, les membres actifs des partis du centre ne sont pas forcément les plus virils du Parlement.

*

Les extrêmes des partis politiques peuvent mener aux pires extrémités.

*

Entre le rêve et la réalité, il y a une grande nuance. Entre l'autocratie et la démocratie, il y a tout un monde.

*

En 1789, le tiers état a été le tiers provisionnel de l'époque.

*

Si la France est une dans sa diversité, il va de soi que sa diversité est une dans la dispersion de son unité.

*

Les conflits sociaux sont des conflits d'ordre intérieur qui sèment le désordre à l'extérieur.

*

Certains se demandent, avec raison, pourquoi les lois de la pesanteur et de l'attraction universelle n'ont jamais été publiées au *Journal officiel.*

*

En matière de politique sociale, les pouvoirs publics disent : « Il faut s'entendre pour se mettre d'accord. »

Le patronat de droit divin dit « Non »,

Le jeune patronat dit « Oui »,

Les centrales syndicales disent « C'est tout vu, les comptes ne sont pas rendus parce que les revendications ne sont pas entendues »,

Les cosignataires du contrat social des conventions collectives disent « Faut voir pour se rendre compte », et la classe ouvrière dit « Merde ».

*

Si votre voiture tombe en panne un jour de grève des transports en commun, allez à pied. Ça vous les fera !

*

Dans l'intérêt général des intérêts supérieurs du pays, il y a lieu et utilité, et réciproquement, de compléter la liste des partis et des groupes politiques actuels par celle officieuse et partielle liste des partis et groupes politiques virtuels suivants :

Le PSSR, ou Parti sans se retourner.

Le PSLD, ou Parti sans laisser d'adresse.

Le PECLP, ou Parti en claquant la porte.

Le PECLV, ou Parti en cassant les vitres.

Le PDR, ou Parti d'en rire.

Le PEW, ou Parti en week-end.

Le PFSC, ou Parti faire ses couches.

Le PASM, ou Parti au service militaire.

Le BP, ou Bon Parti.

Le MP, ou Mauvais Parti.

Le PP, ou Parti pris.

Le GDAR, ou Groupe des assoiffés républicains.

Le GED, ou Groupe électrogène démocratique.

Le GSDER, ou Groupe scolaire démocratique et républicain.

Et

Le GDCIDSV, ou Groupe du centre indépendant de sa volonté.

*

Le 1er mai, les accidents de repos devraient être pris en charge par la Sécurité sociale.

*

La situation extérieure ne l'est véritablement que par rapport à ce qui est au-delà de la position intérieure de ceux qui la considèrent comme telle.

*

C'est quand un État est hors de lui que d'autres États s'unissent pour le mettre hors d'état de nuire.

*

Entre la diplomatie et le diplodocus, il n'y a que la différence des deux dernières syllabes.

*

Si mourir pour la patrie est le sort le plus beau, vivre pour soi est le plus digne d'envie.

*

Le libre citoyen à part entière est celui qui respecte la liberté de ceux qui ont l'obligeance de respecter la sienne.

*

Les réactionnaires sont parfois les plus progressistes. La preuve : les avions à réaction avancent plus vite que les autres.

*

Ce qui différencie totalement un régime de bananes d'un régime totalitaire, c'est que le premier est alimentaire et débonnaire alors que le second est autoritaire et arbitraire.

*

DERNIÈRE MINUTE

De Santiago du Chili :

L'état de santé de M. Lopez, en dépit d'une progressive amélioration, appelle malgré tout une prolongation de sa mise en observation au centre psychiatrique de la calle San Pablo. Tous ses collègues de la ville s'étant, par esprit de solidarité, récusés à l'unanimité, il n'y aura pas de pharmacie de garde dimanche prochain.
En revanche, et par simple souci d'élémentaire humanité, la teinturerie Federico Montanez restera ouverte pendant toute la journée afin d'assurer le service.

*

Il est démocratiquement impensable que, en République, il y ait encore trop de gens qui se foutent royalement de tout.

EN SOMME

Pensées sur l'argent

Il vaut mieux devoir de l'argent à quelqu'un toute sa vie durant, plutôt que de lui faire tort d'un centime tout au long de son existence.

*

Pourquoi payer ses impôts sur le revenu ? Il vaut mieux attendre qu'ils repartent.

*

Donner avec ostentation, ce n'est pas très joli, mais ne rien donner avec discrétion, ça ne vaut guère mieux.

*

Si la façon de donner vaut mieux que ce que l'on donne, la façon de ne pas donner ne vaut rien.

*

Le cuivre, c'est l'or des modestes, la pierre, c'est l'argent des faibles, et le poil, c'est le bronze des forts.

*

S'il est courageux et respectable de gagner de l'argent à la sueur de son front, il l'est beaucoup moins de le gagner à la sueur du front des autres.

*

Envier l'argent des autres, ce n'est pas très joli, mais c'est humain. Ne pas le rendre à celui qui l'a spontanément et généreusement prêté, c'est croire à un don du ciel.

*

Plaie d'argent n'est pas mortelle, sauf pour ceux qui en meurent, parce qu'ils sont totalement démunis.

*

Dans notre société de consommation et d'épargne, un homme qui a de l'argent est un homme considéré. Un homme qui n'en a pas est également un homme considéré, mais comme un pauvre type.

*

Le mal d'argent, c'est la septicémie des pauvres.

*

Vouloir rester pauvre d'argent, c'est faire preuve de richesse de cœur.

*

L'argent sur lequel on compte ne compte pour rien tant qu'on ne le compte pas soi-même.

*

L'or et l'argent sont d'autant plus précieux qu'on en possède plutôt moins que pas assez.

*

L'argent des uns n'a jamais fait le bonheur des autres.

*

Mettre de l'argent de côté pour l'avoir devant soi est, pour paradoxale qu'elle soit, une façon comme une autre d'assurer ses arrières afin de ne pas l'avoir dans le dos.

*

L'argent fond dans les mains plus ou moins rapidement selon qu'il brûle les doigts plus ou moins fortement.

*

Les véritables et authentiques hommes de bonne volonté sont ceux qui, toute leur vie durant, regrettent amèrement et sincèrement de n'avoir jamais fait le moindre effort pour régler les dettes qu'ils ont contractées au cours de leur existence.

*

Si l'argent fond à 965 degrés plus ou moins centigrades, il est extrêmement rare qu'il fonde en larmes devant ceux qui pleurent parce qu'ils en manquent.

*

Ceux qui prétendent que l'argent n'a pas d'odeur auraient intérêt à consulter un expert spécialiste de l'odorat financier.

*

Conserver imprudemment chez soi de grosses sommes d'argent liquide, c'est s'engager dangereusement dans une voie d'eau lourde de conséquences.

*

La devise des hommes d'affaires plus ou moins scrupuleux est : « Savoir toujours assez bien nager pour n'avoir jamais trop à se mouiller. »

*

Je me suis souvent montré surpris et étonné que l'argent liquide ne puisse être tiré à la pression.

*

Il est plutôt rare qu'une facture impayée soit acquittée au bénéfice du double.

*

DERNIÈRE MINUTE

De Santiago du Chili :

M. Francisco Lopez, le pharmacien bien connu, s'est échappé du centre psychiatrique où il était en observation depuis deux semaines, et a disparu dans la jungle. Pour marquer le coup, et avec l'approbation du conseil de l'Ordre, tous ses confrères ont décidé une grève illimitée. Il n'y aura donc pas de pharmacie de garde dimanche prochain. En revanche, afin que la population n'en supporte pas les fâcheuses conséquences, les marchands à la sauvette et les camelots seront autorisés à vendre, à la criée, tous produits et articles pharmaceutiques de remplacement. L'émotion est à son comble dans la capitale chilienne, où M. Lopez ne compte que des amis et des gens qui ne peuvent pas le sentir.

*

Le sous-développement du porte-monnaie, c'est le surdéveloppement des bourses plates.

*

Les finances, c'est une affaire de budget et les chiffres n'ont de valeur réelle qu'en raison des nombres qu'ils représentent.

*

Quand l'or est en baisse, l'argent s'affaisse et ceux que ça affecte en tombent sur leurs fesses.

*

Ce sont ceux qui ont un cœur d'or qui ont l'argent le plus facile.

*

Pour avoir beaucoup d'or, il faut posséder pas mal d'argent. Et réciproquement.

*

Si l'argent est le nerf de la guerre, l'or en est le muscle.

*

L'or en barre, c'est de l'argent en broche.

*

Le tiers-monde, c'est le tiers provisionnel du monde entier.

*

Les problèmes financiers de l'État étant ce qu'ils sont, il est urgent de demander aux académiciens français de remplacer, dans le dictionnaire, l'expression : « Doucement les basses » par « Doucement les hausses ».

*

Il est beaucoup moins important de faire avec effort plusieurs choses qui vous rapportent peu que d'en rapporter une payante qui ne vous a rien coûté.

*

Un petit croquis en dit plus long qu'un grand discours, mais beaucoup moins gros qu'un chèque.

*

Vouloir posséder beaucoup d'argent pour contribuer à l'amélioration de la race chevaline humaine, c'est très bien. Vouloir en posséder beaucoup pour que ceux qui n'en ont pas en aient, c'est parfait. Vouloir en posséder énormément par pur esprit d'altruisme et d'humaine générosité, c'est plus que parfait. Vouloir en amasser au maximum par bas et sordide esprit d'avarice et de thésaurisation, c'est complètement con.

*

DERNIÈRE MINUTE

De Santiago du Chili :

Le désormais célèbre potard de l'avenida San Martin, qui avait disparu dans la jungle, vient de faire sa réapparition comme si de rien n'était. Observant un mutisme complet, il s'est refusé à toute déclaration. Il s'est contenté, d'un air ulcéré, d'accrocher à la porte de son officine l'écriteau suivant : « Par mesure de rétorsion, c'est la pharmacie Lopez qui sera de garde, non seulement dimanche prochain, mais encore toutes les nuits de la semaine suivante. » Une section de surveillants hospitaliers et d'assistantes sociales campe à proximité, prête à parer à toute éventualité.

MES VÉRITÉS, JE LE JURE !

Pensées sur la justice

La justice, c'est l'art noble et sacré de rendre équitablement et sereinement à César ce que Pompée lui a barboté.

*

Si la justice est parfois si lente à être rendue, c'est que bien souvent les magistrats, ne sachant pas quoi en faire, hésitent entre la rendre ou la garder pour eux.

*

Un avocat à la cour ne l'est pas forcément au jardin, sauf si c'est pour y plaider, en appel, la cause des arbres injustement condamnés à être abattus par un tribunal incompétent en matière forestière.

*

La magistrature debout est ainsi appelée parce qu'elle est à court d'assise.

*

Il existe, rarement heureusement, d'autres formes de magistrature, à savoir : la magistrature à genoux, à croupetons, sur le dos, à plat ventre et roulée en boule, qui rendent parfois la justice boiteuse.

*

Les magistrats du siège siégeant au sein d'une forteresse judiciaire assiégée ont pour devoir impératif de l'occuper catégoriquement en s'écriant, énergiquement, à l'instar du maréchal de Mac Mahon : « J'y suis, j'y reste. »

*

On dit d'un accusé qu'il est cuit quand son avocat n'est pas cru.

*

Les avocats sans cause sont les eunuques du harem judiciaire.

*

C'est quand les jurés font leurs comptes à rebours que les résultats de leurs délibérations donnent des verdicts à l'envers.

*

En justice expéditive et accélérée, un jugement rendu à la va-comme-je-te-rends est souvent la conséquence d'un procès mal digéré.

*

Dans le domaine du barreau, l'honneur d'un bâtonnier est de ne jamais se faire des retours de bâton.

*

La barre des témoins, au cours d'un procès, est aussi bien une barre d'appui pour l'accusation qu'une bouée de sauvetage pour la défense.

*

En bonne justice, il est rare qu'une cause perdue soit jamais retrouvée.

*

Dans l'enceinte d'un tribunal, les effets de manche des avocats sont comparables aux coups de sirène des bateaux qui la traversent.

*

Les attendus du jugement d'un procès réservent parfois des conclusions inattendues à l'arrivée.

*

Quand, au cours d'un procès en appel, le procureur général abandonne l'accusation, il est plutôt rare que celle-ci soit recueillie par l'assistance publique.

*

Un ménage d'avocats est un ménage à trois : lui, elle et le client.

*

La justice immanente est rarement imminente.

*

DERNIÈRE MINUTE

De Santiago du Chili :

La question du tour de garde dominical de la pharmacie Lopez est largement dépassée. En effet, son propriétaire, dans les yeux duquel passent d'inquiétantes lueurs, a décidé de la laisser ouverte vingt-quatre heures sur vingt-quatre pour une durée illimitée. En revanche, il se refuse obstinément à vendre quoi que ce soit et à exécuter les ordonnances qu'il déchire systématiquement sans même daigner en prendre connaissance. Le conseil de l'Ordre des pharmaciens siège sans désemparer pour essayer de trouver une solution susceptible de mettre fin à ce scandale qui bouleverse l'opinion publique.

*

En justice criminelle, le droit commun est ainsi appelé parce qu'il n'est pas distingué.

*

Le droit criminel ne signifie nullement qu'on ait le droit de commettre un crime.

*

Il est préférable pour un auteur à scandale d'être traduit en plusieurs langues plutôt qu'en correctionnelle.

*

Un jugement cassé donne parfois bien du plâtre à gâcher aux magistrats chargés d'en réduire la fracture.

*

Plus la robe d'un avocat est longue, plus ses plaidoiries sont courtes, et réciproquement.

*

En langage judiciaire, il n'est nullement péjoratif de dire que plus une affaire est pendante, plus il est difficile de la redresser.

*

On a vu des hautes cours de justice se transformer en basses-cours de police.

*

Pour l'homme de loi prévoyant, une mince provision en liquide vaut mieux qu'un gros chèque sans provision.

*

En justice correcte et régulière, un serment prêté n'est jamais rendu. En revanche, une parole donnée, même d'honneur, peut être reprise, et l'est souvent, à la première occasion.

*

Si le nombre pair de douze a été fixe pour chiffrer le total des membres d'un jury d'assises, c'est pour éviter à celui-ci de commettre un impair.

*

En stricte et rigoureuse justice, les condamnés qui bénéficient d'une remise de peine ont parfois bien du mal à s'en remettre.

*

En justice courante, si tous les prévenus l'étaient à temps, le banc des accusés serait souvent vide.

*

Si le bénéfice de la liberté n'était accordé qu'à ceux qui la méritent vraiment, il n'y aurait pas tellement d'hommes pour en jouir pleinement.

*

En certaines circonstances, la prison peut servir à protéger la liberté de celui qui en est momentanément privé contre ceux qui seraient tentés de la lui supprimer définitivement s'il était libéré provisoirement.

*

Rien n'est plus révoltant pour tout homme de bonne volonté que le spectacle affligeant d'un impitoyable chef de bureau immobilier en train d'exécuter sauvagement une malheureuse et innocente porte injustement condamnée.

*

Quand on ne condamnera plus les portes et quand on n'acquittera plus les factures, la justice aura fait un beau demi-tour en avant.

*

Le fait d'être un homme libre ne donne pas automatiquement le droit de faire librement n'importe quoi, n'importe où et n'importe comment.

*

La parole est à la Défense ce que le lion de Belfort est à Denfert-Rochereau.

*

DERNIÈRE MINUTE

De Santiago du Chili :

Ça ne s'arrange pas. Ça aurait plutôt tendance à s'aggraver. M. Francisco Lopez, tout en maintenant son officine ouverte en permanence, continue obstinément à refuser de servir la clientèle. En revanche, il a installé à la porte de sa boutique un tourniquet et tracé au minium, sur la place de sa devanture, l'inscription suivante : « Musée des Poisons ». Il fait ainsi payer 4 escudos pour entrer, 3 autres pour la visite des lieux et de son stock, plus 5 pour jeter un bref coup d'œil sur son laboratoire de préparations et, enfin, 450 centavos pour avoir le droit de s'en aller. Il prétend que ces sommes sont recueillies au profit de sous-officiers sous-développés de la garde pharmaceutique républicaine. Depuis qu'il a pris cette mesure, son officine ne désemplit pas. Le président de l'Ordre des pharmaciens a tenté de se donner la mort en avalant un tube de barbituriques heureusement vidé de son contenu. On en est là.

*

Il n'avait pas dénoncé le coupable et fut condamné à sa place. Avant d'être écartelé, il lança : « Au moins, on ne pourra pas dire que je ne me serai pas mis en quatre pour mes amis. »

*

Si la justice était vraiment ce qu'elle doit être, l'injustice ne serait pas ce qu'elle est.

*

Il vaut mieux être en bon état de santé qu'en mauvais état d'arrestation. Encore que l'un n'empêche pas l'autre.

QUAND LA PALME DORT

Pensées cinématographiques

En langage de cinéma ferroviaire, quand un film est sur les rails, on appelle locomotive une grosse vedette qui siffle trois fois entre chaque arrêt de prise de vues.

*

Je considère comme étant infiniment regrettable le fait que, dans un western massacré, son producteur ne soit pas massacré par les Indiens.

*

Les films d'action créent des obligations aux acteurs qui les tournent.

*

Il ne faut pas confondre les films de science-fiction, où l'on voit parfois des scènes dont la réalité dépasse la fiction, avec les films publicitaires, où l'on voit souvent des coiffeurs affirmer que le shampoing dépasse la friction.

*

Un navet est un film dont les carottes sont tellement cuites que la fin de ses haricots est proche.

*

Le véritable cinéma vérité est celui qui donne au spectateur la vraie sensation qu'il se trouve ailleurs que là où il est assis.

*

Le succès ou l'échec d'un film à grande figuration dépend souvent de la gueule que font les figurants selon l'importance ou la modicité des cachets qu'ils touchent.

*

Un bon truqueur de films est capable de faire prendre l'ancienne Belgique pour le Nouveau-Mexique de même qu'un habile cascadeur est capable de faire une chute de cheval dans les chutes du Niagara sans trop se mouiller ni trop se faire de mal.

*

Si Galilée revenait sur Terre, il s'écrierait devant une mauvaise comédienne : « Et pourtant, elle tourne ! »

*

DERNIÈRE MINUTE
De Santiago du Chili :

M. Francisco Lopez vient de mettre sa pharmacie en vente.

*

Les Oscars sont attribués dans l'ordre cinématographique suivant :

L'**Oscarbonate de soude** au film le plus indigeste des films difficiles à digérer.

L'**Oscaravancéraille** au meilleur film d'avant-garde d'humour noir en couleur.

L'**Oscar du meilleur réalisateur** au réalisateur qui comprend qu'il aurait mieux fait de réaliser un autre film que celui qu'il a réalisé.

L'**Oscar de la meilleure prise de vues** au cameraman qui ne prend pas les vues du Caire pour les verres du cultivateur égyptien myope qui cherche ses lunettes au pied des pyramides.

L'**Oscar de la pellicule** au film le mieux tiré par les cheveux sales.

L'**Oscar de la meilleure interprétation masculine** au meilleur interprète polyglotte masculin.

L'**Oscar de la meilleure interprétation féminine** à la femme du précédent.

L'**Oscar d'heure** de Rabelais au film qui en fait passer un mauvais aux spectateurs.

L'**Oscar de la critique** au meilleur critique de cinéma qui critique en bien ou en mal tous les films sans en avoir jamais vu aucun.

L'**Oscardavous** au meilleur film militaire de carrière cinématographique.

L'**Oscar de gnôle** au meilleur film de guerre.

L'**Oscar du film policier** au meilleur film documentaire consacré à l'élevage des poulets.

L'**Oscaramouche** au film de cape et d'épée qui donne le mieux à la prendre aux spectateurs.

L'**Oscardinal** au meilleur film consacré au Sacré Collège et à caractère œcuménique.

L'**Oscardiologue** au meilleur film sentimental qui a provoqué le plus de battements de cœur à son producteur.

L'**Oscardigan** au meilleur film éducatif qui traite de la fabrication des chandails de laine à manches longues et à col droit se fermant au milieu du devant avec des boutons ou une fermeture à glissière.

Et enfin

L'**Oscar de brie** au meilleur film documentaire sur le fromage du même nom tourné à Melun et pas à Melautre.

NOURRITURES TERRESTRES ET SPIRITUELLES

Pensées sur la gastronomie

Je pense souvent, non sans vertige, à la quantité de bœuf et de légumes qu'il faudrait pour faire un pot-au-feu avec l'eau du lac Léman.

*

Les pommes sautées par la fenêtre sont des pommes de terre qui se suicident.

*

Tous les goûts sont dans la nature, même ceux qui sont contre.

*

Il faut se méfier des restaurants qui annoncent en devanture : « Ici, on mange comme chez soi. » Si c'est pour manger comme chez soi, ce n'est pas la peine d'aller ailleurs.

*

Les aliments mal revenus font les repas mal partis.

*

Il faut battre le fer quand il est chaud et la crème quand elle est fraîche.

*

Une digestion laborieuse est tout de même préférable à une indigestion paresseuse.

*

DERNIÈRE MINUTE

De Santiago du Chili :

M. Francisco Lopez, qui a mis sa pharmacie en vente, vient de recevoir les offres d'un certain Gustav-Adolphe Otersund, également pharmacien, 81, place Oxenstiern à Göteborg (Suède). Écœuré, le président de l'Ordre des pharmaciens a démissionné pour s'engager dans la Légion étrangère.

*

Tout gastronome patriote se doit, chaque 14 Juillet, de souper aux couleurs nationales, c'est-à-dire d'une truite au bleu, d'un blanc de poulet et d'un rouget de Lille.

*

Le sandwich à la gabardine imperméabilisée permet de casser la croûte sous la pluie sans qu'il se mouille.

*

Le sandwich au bouillon gras ou de légumes, ce n'est pas mauvais, mais c'est mou, ça coule et ça tache.

*

Le plat du jour, c'est bien, à condition de savoir à quel jour remonte sa préparation.

*

Si vous aimez les escargots, n'en dégoûtez pas les autres : mangez-les proprement.

*

Les pruneaux crus et les pruneaux cuits avalés rapidement sont des tests de la vitesse d'élocution du verbe gastronomique et de la parole culinaire.

*

En cuisine fine, les nourritures terrestres peuvent être également spirituelles.

*

C'est quand les veaux ont un succès bœuf que les bœufs jaloux font une tête de veau.

*

Gastronomiquement parlant et géographiquement étant, il est culinairement surprenant que, entre le département de la Côte-d'Or et celui des Côtes-du-Nord, il n'y ait pas le département des Côtes-de-Porc.

*

Les escargots de Bourgogne n'ont jamais empêché le cassoulet d'être toulousain.

*

Ce n'est pas parce que l'astronomie est la science des astres que la gastronomie n'est pas celle de l'estomac.

*

Le devoir de se montrer ferme sur les prix ne donne pas à la viande le droit de se montrer ferme sous la dent.

*

Quand une fondue est préparée par une cuisinière complètement fondue, ça donne une fondue complètement tordue.

*

Tout client de bonne volonté qui essaie loyalement de manger un steak dans un restaurant à la cuisine douteuse est en droit de se demander si c'est du bœuf qu'on a fait cuire ou du cuir qu'on a fait bœuf.

*

Il est d'un goût douteux de faire passer un sauté de veau sous le nez d'un type qui la saute.

*

Le barbecue est à la grillade ce que la barbe est à papa. Et réciproquement.

*

Quand un civet de lièvre ne vaut pas un pet de lapin, c'est que la ventilation de celui ou de celle qui l'a préparé est défectueuse.

*

Il est toujours dangereux de provoquer un court-circuit dans un court-bouillon. Et réciproquement.

*

En Alsace on évoque les projets détruits en s'exclamant : « Mes brochets sont tes truites. »

*

Le gastronome avisé et circonspect qui s'y connaît en art culinaire est celui qui sait ce qu'il dit quand il parle de ce qu'il mange.

*

DERNIÈRE MINUTE

De Santiago du Chili :

M. Francisco Lopez s'est envolé hier matin en direction de Göteborg (Suède) pour y discuter les conditions de vente de son officine avec son acheteur éventuel, M. Gustav-Adolphe Otersund, lequel, dans le même temps, et pour les mêmes raisons, avait pris l'avion pour la capitale chilienne. Se rendant compte, à l'arrivée, de l'inanité de leur fausse manœuvre et afin d'éviter le retour, ils ont immédiatement, par téléphone, pris un rendez-vous ferme en vue de se retrouver, pour le week-end, à Tanger, chez M. Fernando Lopez, frère cadet de Francisco, qui exerce la même profession que son aîné et dont, par un heureux concours de circonstances, la pharmacie sera de garde dimanche prochain.

*

Quand, au cours d'un dîner chez des gens bien élevés, on vous sert un tournedos bien tendre, il est de bon ton de le manger avec plaisir et satisfaction en le regardant bien en face, et du plus mauvais goût de le bouder en lui tournant très durement le dos avec déplaisir et insatisfaction.

*

Il faut toujours choisir ses fromages avec discernement et, en particulier, être ferme sur les bries.

*

Qui mange lentement digère bien, qui bien digère bien se porte et qui bien se porte n'a besoin de personne pour le porter sur son lit quand il a trop bu et trop mangé.

*

La sollicitation du pied de porc, c'est l'appel du pied de tout cochon qui sommeille au cœur de tout amateur de cochonnailles, gaulois, graveleux et grivois.

*

En gastronomie de prestige, il est plus facile de mettre les petits plats dans les grands que de mettre les grands pieds plats dans les petites soucoupes.

*

Rien n'est plus louche qu'une louche dont le contenu douteux est versé dans votre tasse par un loufiat qui louche.

*

Avoir l'estomac dans les talons n'a aucun rapport avec l'étalon qui vous balance un coup de sabot dans l'estomac.

*

Quand un hareng saur ne sort pas de son baril, c'est qu'un mauvais sort lui interdit de fumer.

*

J'ai lu en quelque endroit de quelque part, sur le livre d'or, un peu trop massif à mon goût, d'un restaurant réputé pour ses spécialités et ses amitiés particulières, la pensée suivante : « Civet de lapin m'était conté, j'en ferais un ragoût de lièvre. »

*

Les entremets sont les entremetteurs qui servent d'agents de liaison entre deux mets.

*

Le foie gras maigrit au fur et à mesure qu'on le mange.

*

Parmi les fromages, le plus discret est le brie qui coule sans en faire le moindre.

*

DERNIÈRE MINUTE

De Santiago du Chili :

M. Francisco Lopez, le célèbre pharmacien, a disparu. Parti samedi dernier de Göteborg (Suède) en direction de Tanger, où il avait rendez-vous avec M. Gustav-Adolphe Otersund, son acheteur éventuel, il n'est pas arrivé à destination. Où et dans quelles circonstances cette invraisemblable disparition a-t-elle pu se produire ? Mystère total.

*

Si Bayard fut un chevalier sans peur et sans reproche, Brillat-Savarin fut un cuisinier ni sans beurre ni sans broche.

*

Les plats les mieux cuisinés sont ceux qui le sont sur les fourneaux de la police judiciaire.

*

La goinfrerie est à la gastronomie ce que la muflerie est à la courtoisie.

*

L'astrogastronomie est la science de la découverte des étoiles des relais gastronomiques.

*

Un bon plat de côtes vaut mieux qu'un mauvais pneu à plat en côte.

*

Le gratin dauphinois fait partie de l'aristocratie gastronomique dauphinoise.

*

Les grillades aux feux de Bengale ne se font qu'à l'occasion de la fête nationale du 14 Juillet.

*

La viande bovine la plus loyale est l'aloyau qui porte le nom de la loi qui en a ordonné l'appellation et déterminé la situation qu'elle occupe dans le bœuf.

*

La loi yau a été promulguée par la Convention, le 12 Bovidaire de l'an II du calendrier républicain, sur proposition du citoyen Antoine Amédée Yau, de la section des pique-niques.

*

Quand on a trop mangé, l'estomac le regrette et, quand on n'a pas assez mangé, l'estomac le regrette aussi.

*

En gastronomie comptable pâtissière, il faut être bien gonflé pour se lancer dans la comptabilité des mille-feuilles.

*

Seuls les pâtissiers pilotes brevetés ayant un compte en banque suffisamment créditeur sont autorisés à pratiquer le vol-au-vent financier.

*

Les loups ne se mangent pas entre eux, mais le beefsteak se mange avec des frites.

*

Le poulet cocotte n'a aucun rapport avec les policiers efféminés.

*

Quand une andouillette franchit le mur du saucisson, ça fait du bruit dans la cuisine nucléaire.

*

Quand le boudin blanc manque de ressort, c'est qu'il est dans la purée noire.

*

DERNIÈRE MINUTE

De Santiachi-du-Ligo :*

M. Francisco Lopez est retrouvé ! En réalité, il n'avait jamais disparu. Il s'était simplement endormi, bourré à zéro, à bord du Boeing qui le conduisait de Göteborg à Tanger, dans le poste de repos de l'équipage où l'on ne pénètre que très rarement, ce qui explique qu'il ait pu passer inaperçu. Il a été finalement récupéré hier, à l'issue des quatre autres vols Tanger-Göteborg et Göteborg-Tanger. Réveillé, il a payé de bonne grâce les suppléments qui lui étaient réclamés à juste titre. Puis, il s'est aussitôt rendu chez son frère Fernando, où il a enfin pris contact avec son éventuel acheteur M. Gustav-Adolphe Otersund.

* Veuillez nous excuser pour cette erreur. Depuis le nombre de pages que M. Francisco Lopez nous empoisonne avec sa pharmacie, nous ne savons plus très bien où nous en sommes.

*

Qu'on l'admette ou pas et qu'on le veuille ou non, une bonne soupe aux choux est tout de même préférable à une méchante soupe à la grimace.

*

Le comble de la politesse, c'est de ne pas oublier de frapper avant d'ouvrir une huître.

*

Saint Doux est le vénéré patron de la cuisine faite à la matière grasse du même nom.

*

J'ai connu et vu, dans un restaurant de dernier ordre, un maître d'hôtel dont l'habit était tellement graisseux que le seul endroit propre qui s'y trouvait avait l'air d'être une tache de graisse.

*

Dans un restaurant réputé, j'ai connu un éminent gastronome dont le degré de myopie était tel qu'il demandait toujours à son voisin de table d'avoir l'obligeance de lui dire s'il avait bien tout mangé de ce que contenait son assiette.

*

Dans des conditions du même ordre, j'en ai connu un autre du genre semblable et de compétence identique dont le degré de presbytie était tel qu'il prenait toujours un recul d'au moins 15 mètres pour se rendre compte s'il avait vidé sa bouteille complètement ou incomplètement.

*

La verveine est l'infusion favorite des favoris de la chance infuse.

*

C'est dans les hospices de Beaune que les vieux crus sont les mieux traités et présentés sous les meilleurs auspices.

*

Les bons crus font les bonnes cuites.

*

Le gros qui tache est au Mouton-Rothschild ce que la brebis galeuse est à l'agneau pascal.

*

On peut transpirer de bonheur, être moite d'émotion ou, plus encore, être Moite et Chandon.

*

Un bon buveur boit bien le vin qu'il déguste et un bon buvard boit bien l'encre qu'il sèche.

*

En gastronomie gustative arrosée, tant stratégique que tactique, la carte des vins est la meilleure carte d'état-major des terrains viticoles aménagés en fortifications liquides.

*

DERNIÈRE MINUTE

De Santiago du Chili :

On vient d'apprendre que, depuis quarante-huit heures, des pourparlers ont été engagés à Tanger entre MM. Francisco Lopez et Gustav-Adolphe Otersund. Ça n'a d'ailleurs pas été sans mal. M. Lopez ne parlant pas un traître mot de suédois et M. Otersund ignorant tout de l'espagnol, il a fallu faire appel à un interprète. Malheureusement, il ne parlait que l'espagnol et l'allemand. On a donc fait appel à un deuxième qui ne parlait que l'allemand et l'anglais, puis à un troisième qui ne parlait que l'anglais et l'italien. De guerre lasse, on a alors appelé neuf autres interprètes s'exprimant en italien et en russe, en russe et en chinois, en chinois et en français, en français et en croate, en croate et en yiddish, en yiddish et en chtimi, en chtimi et en breton, en breton et en arabe et, enfin, en arabe et en suédois ! Grâce à un concours successif et alternatif de ces douze spécialistes, MM. Lopez et Otersund ont pu commencer à entamer leurs négociations. En raison de ces difficultés linguistiques, elles risquent de prendre un certain temps.

*

Celui qui pousse l'abstentionnisme jusqu'à confondre le siècle de Périclès avec l'alcool de menthe du même nom est aussi peu digne du titre de citoyen que l'avare qui marche sur les pas de celui qui le précède pour économiser les siens.

UN GRAND MONDE
ET DES PETITS MONDES

Pensées sur le monde

C'est parce que la Terre est grande que le monde est petit. Et réciproquement.

*

S'il est vrai que le commencement du monde a correspondu avec son début, il est vraisemblable que sa fin coïncidera avec sa disparition.

*

Si le monde d'hier n'avait pas existé, celui d'aujourd'hui ne pourrait pas envisager celui de demain.

*

Il faut de tout pour faire un monde, puisque le monde est un tout.

*

Si, en principe, il faut de tout pour faire un monde, il ne faut pas, en réalité, tellement de monde pour faire un tout puisqu'il suffit de quelques personnes pour faire tout un rassemblement.

*

Si les ennuis d'une grande partie du monde risquent de concerner tout le monde, en revanche, ceux d'une petite partie du monde ne risquent pas d'intéresser grand monde.

*

Sans vouloir avoir l'air de me mêler de ce qui me regarde de travers, je ne peux m'empêcher de constater que, si le monde est un dans son unité, sa diversité est multiple dans sa disparité.

*

C'est sans doute parce que les hauts sommets de l'univers sont secs, que le monde est une vallée de larmes.

*

Les hommes ne sont que ce qu'ils sont que parce que la nature n'est pas ce qu'elle est.

*

Ce qui divise les hommes multiplie leurs différends.

*

Le racisme, c'est la leucémie du monde.

*

La seule machine au monde qui n'ait jamais eu la moindre panne ni nécessité, et, de ce fait, la moindre réparation, est la machine à emmerder le monde.

*

Quand les grands de ce monde commettent une faute, ce sont les petits qui la paient.

*

Quand le monde est muet, tout le monde est sourd. Quand les éléments se déchaînent, tout le monde s'enchaîne.

*

Le monde des uns n'est pas celui des autres, bien que le monde des uns et des autres soit le monde de tout le monde.

*

Vivre hors du monde tout en restant dans le temps n'est pas à la portée de tout le monde.

*

Si tous les chemins de ronde du monde formaient le carré ? Ça ferait une sacrée ronde dans toutes les parties carrées du monde.

*

D'après la théorie de l'évaluation des distances astrales, de Schpotzermann et Schpotzermann, il est incontestable qu'il y a plus loin de la Terre à la Lune que de Dunkerque à Tamanrasset, et réciproquement.

*

Le penseur moraliste qui a dit : « Tout ce qui n'est pas foncièrement mauvais dans le monde peut relativement devenir bon » et « Tout ce qui, dans le monde, n'est ni entièrement bon ni complètement mauvais peut totalement le rester et intégralement le demeurer » n'était certainement ni le premier ni le dernier des imbéciles.

*

Entre le beau monde et le vilain monde, il y a le monde quelconque de quiconque.

*

Étant donné qu'il faut des millions d'années-lumière à certains astres pour faire des signaux lumineux, il n'est pas étonnant que le monde passe tant de longues nuits blanches dans le noir absolu.

*

Le monde du milieu, contrairement à ce que d'aucuns s'imaginent, n'est pas le nombril du monde.

*

Le monde du milieu, est, en quelque sorte, une espèce d'entre-deux-mondes.

*

Celui qui a dit : « Rien ne va plus dans le monde, les jeux sont faits » était certainement un homme du monde du milieu des cercles mondiaux.

*

Les femmes des hommes du monde du milieu se servent du leur pour gagner leur vie et celle de ceux qui les protègent.

*

Ce n'est pas le tout d'être une femme du monde. Encore faut-il savoir de quel monde il s'agit.

*

Dans le monde du milieu, les hommes de main sont également destinés à être ceux d'après-demain et des jours suivants.

*

Le demi-monde, c'est le monde coupé en deux pour le bénéfice du monde entier.

*

Les demi-mondaines ne sont pas toutes des demi-portions de monde.

*

Le vernis mondain, c'est l'encaustique à bon marché du faux plancher du monde où l'on s'en croit.

*

En natation compétitive, les nageurs qui s'enduisent le corps d'un corps gras avant de se mettre à l'eau font partie du monde où l'on s'enduit.

*

Dans le monde affairiste du show-business, il n'est pas nécessaire d'être bon musicien pour bien connaître la musique.

*

S'il y avait moins de monde dans la foule, il y aurait plus de place pour chacun.

*

Si, comme l'a dit un jour le général de Gaulle, la France n'était pas ce qu'elle est, c'est-à-dire la France, tous les Français seraient des étrangers.

*

DERNIÈRE MINUTE

De Santiago du Chili :

On apprend, de source sûre, que, en dépit des efforts conjugués et méritoires des douze interprètes, ça s'accroche mal à Tanger. M. Francisco Lopez a fixé à la somme de 400 000 escudos le prix de vente de sa pharmacie et M. Gustav-Adolphe Otersund lui en a offert le double, soit 1 208 000 couronnes suédoises. M. Francisco Lopez refuse obstinément d'augmenter son prix d'un seul centavo et M. Otersund de diminuer son offre d'un demi-quart de krona. On en est là.
Nous ne manquerons pas de vous tenir au courant du suivi des négociations.

*

En résumé philosophique et en vérité comme je vous le dis tel que je le pense, le monde, il n'y a vraiment et véritablement pas de quoi s'en faire un.

FAUT Y PENSER !

Pensées en vrac

Le plus court chemin d'un point à un autre est exactement le même dans le sens inverse.

*

L'esprit de l'escalier est celui qui manque une marche dans celui de l'à-propos pour se retrouver au sous-sol de la réplique manquée. En revanche, l'esprit de l'ascenseur est celui qui sort de sa cage à l'étage opportun.

*

Il n'y a rien de plus difficile à consoler qu'un paysage désolé.

*

Chaque fois que j'entends Mistinguett chanter « Ça c'est Paris », je me dis que si ça, c'est Paris, c'est qu'il est bougrement décati.

*

Quand on n'a rien à perdre et tout à gagner, on s'arrange toujours pour y perdre quand même quelque chose.

*

Si la discipline fait la force principale des armées, l'inertie fait la force principale des administrations.

*

Il est beaucoup plus agréable de manger une bonne pomme à pleine bouche que de recevoir une belle pêche en pleine poire.

*

C'est dans le monde à l'envers qu'on risque le plus de se retrouver cul par-dessus tête, et c'est dans le monde spirite qu'on a le plus de chances de recevoir des coups de pied occultes.

*

Les femmes de mauvaise vie ne l'ont pas toujours belle.

Les femmes de mœurs légères ont parfois la tâche lourde avec les hommes de poids.

*

Le présent, c'est la fraction de temps qui sépare le passé de l'avenir.

*

Ceux qui ont une grande gueule ont bien souvent une petite tête.

*

Les gens qui ne sont jamais contents de leur sort sont ceux qui se plaignent toujours que ça va plutôt mal quand ça ne va pas assez bien. Et aussi ceux qui, lorsque ça va moins mal, se plaignent que ça n'aille pas mieux. Et encore ceux qui, lorsque ça va mieux, se plaignent que ça n'aille pas encore mieux. Et également ceux qui, lorsque ça va bien, se plaignent que ça n'aille pas très bien. Et, mêmement, ceux qui, lorsque tout va très bien, trouvent que tout n'est pas parfait. Et n'oublions pas ceux qui, lorsque tout est parfait, déplorent que tout ne soit pas plus que parfait. Et, pensons-y aussi, ceux qui, lorsque tout est plus que parfait, déclarent amèrement que la perfection n'est pas de ce monde. Et ceux, encore et toujours, qui, lorsqu'ils ont tout ce qu'ils veulent, estiment qu'ils n'ont pas tout ce qu'ils désirent. Et enfin, ceux qui, lorsqu'ils ont enfin tout ce qu'ils veulent et tout ce qu'ils désirent, font une dépression nerveuse parce qu'ils n'ont plus rien à vouloir ni à désirer.

*

Ceux qui ont les pieds plats sont à pied d'œuvre pour les mettre dedans.

*

Les tenues confectionnées pour l'hiver et que l'on coupe ensuite en deux peuvent être portées au printemps comme costumes de demi-saison.

*

Si l'homme change d'idée comme de chemise, ceux qui ne varient jamais dans leur vision du monde doivent avoir du linge particulièrement sale.

*

Porter un veston d'alpaga, c'est bien, mais le remplacer par un kimono, c'est une autre paire de manches.

*

Si on portait ses chaussures à la main plutôt qu'aux pieds, elles s'useraient moins vite.

*

Un beau nu peut faire un vieux tableau, mais pas réciproquement.

*

Le véritable self-made-man est celui qui, s'étant fait lui-même, est, en même temps, le fils de ses œuvres et le père de ses enfants.

*

On dit d'un pantalon qui tombe correctement qu'il va bien et d'un pantalon qui ne va pas bien qu'il tombe mal, surtout quand il glisse jusqu'aux pieds.

*

Un prince consort est un personnage princier que son épouse la reine sort de temps à autre pour le montrer à ses fidèles sujets, histoire de leur prouver qu'elle est toujours sa femme.

*

Il y a, tant incontestablement qu'indubitablement, une nuance d'importance entre deux marins frères jumeaux et une paire de jumelles marines, bien que les uns puissent se servir de l'autre à toutes fins utiles.

*

Quand le ciel se couvre subitement, c'est qu'il a un découvert à couvrir soudainement.

*

Ceux qui, en vacances, craignent les trop brutales morsures du soleil ont intérêt à se faire bronzer quand il pleut.

*

C'est pendant la canicule qu'il faut s'habiller le plus chaudement possible. Cela permet d'avoir ensuite, quand on se déshabille, une impression de fraîcheur et de bien-être incomparable.

*

L'idéal, pendant les grandes chaleurs, c'est de fumer de la glace séchée. C'est rafraîchissant et ça n'irrite pas la gorge.

*

Les abat-jour, c'est très bien. Mais pourquoi n'a-t-on jamais songé à fabriquer des abat-nuit. À l'inverse des premiers, ils réduiraient la période nocturne pour le plus grand bien de l'économie et le plus grand bonheur de tous.

*

Si, au lieu de blanchir son linge, on le faisait noircir, il ne se salirait plus.

*

Traiter un préposé de crétin n'est pas toujours considéré comme une franchise postale.

*

Si active et si diligente qu'elle soit, la police ne parviendra jamais à arrêter le temps qui s'enfuit.

*

Un mauvais pli est vite pris. Surtout quand il est recommandé.

*

Les queues de poisson au volant sont exclusivement autorisées le vendredi. Les autres jours, il est recommandé aux automobilistes de choisir plutôt les queues de rumsteck, de carré de porc ou de civet de lièvre.

*

Dans le domaine littéraire et musical, les plagiaires, tant décriés, ne sont au fond que d'honnêtes écrivains reconnaissants aux auteurs qu'ils plagient d'avoir pris la peine d'écrire leurs œuvres pour leur éviter celle de le faire eux-mêmes.

*

Quoi qu'en pensent ceux qui le croient, et réciproquement, un récipiendaire n'est pas une chambre à air, et inversement.

*

Celui, ou celle, qui s'apprête à être guillotiné et reçoit, à cet ultime moment de son existence, une lettre recommandée, se doit de dire à son bourreau, en guise de dernière volonté : « Posez-la sur la table. Je la lirai tout à l'heure à tête reposée. »

QUOI DE NEUF, DOCTEUR ?

Pensées médicales

S'il est universellement reconnu dans les milieux médicaux mondiaux qu'Hippocrate est le père de la médecine, on ignore, non moins universellement, qui en est la mère, laquelle, régulièrement ou irrégulièrement, devait, selon toute vraisemblance, être sa femme légitime ou non.

*

Le pire qu'il puisse arriver à un dermatologue malchanceux, c'est le manque de peau.

*

Je pense, en toute logique, qu'il ne viendrait jamais à l'esprit d'un médecin soucieux de ses intérêts l'idée saugrenue d'envoyer, à l'occasion du Nouvel An, ses vœux de bonne santé à ses clients, à moins qu'il n'ait pris la décision de fermer son cabinet médical, faute de malades à soigner.

*

La médecine légale concerne souvent des individus plus ou moins illégalement décédés.

*

DERNIÈRE MINUTE

De Santiago du Chili :

On vient d'apprendre que les pourparlers engagés laborieusement à Tanger, entre MM. Francisco Lopez et Gustav-Adolphe Otersund, viennent enfin d'aboutir. Ne parvenant pas à se mettre d'accord sur le plan financier, les deux hommes ont finalement trouvé une solution élégante en procédant purement et simplement à l'échange de leurs pharmacies. En conséquence, M. Otersund devient propriétaire de la pharmacie Lopez à Santiago du Chili et M. Lopez de la pharmacie Otersund à Göteborg (Suède).

*

Le conseil de l'Ordre des médecins, chargé du maintien de l'ordre public de la santé nationale, donne des conseils mais n'en reçoit pas, sauf sur rendez-vous.

*

Tous les actes médicaux ne sont pas apostoliques, étant donné que certains ne sont pas très catholiques.

*

L'établissement d'un diagnostic précis est un établissement de premier ordre.

*

Je me suis souvent demandé, et me le demande encore, ce qui peut bien différencier une bonne grippe d'une mauvaise, ainsi qu'une mauvaise bronchite d'une bonne.

*

Une intervention chirurgicale réussit presque toujours, mais celui qui la subit ne réussit pas toujours à y survivre.

*

Pour être valable et concluante, une analyse de sang et des urines doit être aussi bien logique que grammaticale.

*

La prise de sang n'a rien à voir avec la prise de la Bastille, où, d'ailleurs, le sang ne fut pas pris mais versé.

*

La radiographie, c'est le viol légal de l'intimité physiologique.

*

DERNIÈRE MINUTE

De Santiago du Chili :

C'est la pharmacie Otersund qui sera de garde dimanche prochain.

*

L'anesthésie générale ne concerne pas seulement celle de la femme d'un deux-étoiles.

*

La plus grave erreur et la plus lourde faute que puisse commettre un chirurgien distrait est de remplacer, au cours d'une greffe, le duodénum d'un client par le quatuor de *Rigoletto* de Verdi.

*

Grâce aux progrès de la médecine, il est aujourd'hui plus facile de guérir un embarras gastrique qu'un embarras de la circulation.

*

Si, par erreur, omission ou distraction, une cirrhose du foie est traitée par un spécialiste des voies rectales, elle risque fort de tourner à la cirrhose des vents.

*

Sur le plan médical des maladies de l'intestin, la constipation est la stricte et rigoureuse contestation de la constitution intestinale et la diarrhée est la débâcle totale et la faillite absolue de la constitution intestinale en question.

*

Parce que ça dure moins longtemps et que ça ne se pratique pas de la même manière, un lavage d'estomac, pour si désagréable qu'il soit, est tout de même préférable à un lavage de cerveau qui l'est beaucoup plus.

*

Certaines voies urinaires sont encore plus impénétrables que les voies du Seigneur.

*

Malgré les progrès réalisés en chirurgie ophtalmologique, ce n'est pas encore de sitôt qu'il sera possible de pratiquer l'opération de la cataracte sur celle du Niagara.

*

Tout psychiatre compétent sait pertinemment que celui qui prétend être réellement fou ne l'est absolument pas et que celui qui affirme ne pas l'être réellement l'est absolument.

*

DERNIÈRE MINUTE

De Santiago du Chili :

En signe de joyeux accueil, la pharmacie Otersund a été désignée pour être de garde dimanche prochain, à la grande surprise de son nouveau propriétaire.

*

La chirurgie esthétique est une entreprise de ravalement des façades humaines dégradées par le temps afin de réparer des ans l'irréparable outrage.

*

Les coliques néphrétiques ont pour cause un dérèglement de la machine à calculer les calculs rénaux.

*

En médecine empirique, un bon guéri vaut mieux que deux qui ne le sont pas.

*

L'aphorisme de Glockenspiel qui dit qu'un client mort est un client perdu est compensé par l'apophtegme de Schpatzmuller qui dit qu'un nouveau-né est un client trouvé en puissance de le devenir.

*

Tout étudiant en médecine studieux et sérieux doit savoir que ce n'est pas parce que le canal de Messine conduit les eaux de la mer Tyrrhénienne dans celles de la mer Ionienne et inversement que le canal de l'urètre conduit l'urine hors de la vessie en sens unique et irréversiblement.

*

« Urètre ou ne pas urètre », c'est la question que se posent les urologues shakespeariens en mal de diagnostic urologique anglo-saxon.

*

DERNIÈRE MINUTE

De Santiago du Chili :

Par respect de la tradition et par courtoisie envers le nouveau propriétaire de l'officine de l'avenida San Martin, c'est la pharmacie Otersund (ex-Lopez) qui sera de garde dimanche prochain.

*

L'hystérectomie est une opération qui, pour n'être pas du Saint-Esprit, n'en donne pas moins la possibilité de pécher sans concevoir.

*

L'urémie, complétée par fa, sol, la, si, do, passe de l'état de maladie sérieuse à celui de mélodie harmonieuse.

*

Quoi qu'en disent franchement ceux qui pensent faussement, la pharmacopée n'a jamais été la femme d'un pharmacien de François Coppée.

*

En matière glandulaire, il ne s'agit pas, pour un spécialiste des glandes, de glander dans la rue, mais de s'affairer dans son cabinet médical.

*

DERNIÈRE MINUTE

De Göteborg (Suède) :

Par considération pour le nouvel occupant de l'officine de la place Oxenstiern, c'est la pharmacie Lopez qui sera de garde dimanche prochain. M. Francisco Lopez, qui commence à la trouver saumâtre, a adressé au président de l'Ordre des pharmaciens suédois une note, à peine polie, dans laquelle il déclare qu'il n'a pas quitté Santiago du Chili, dans le but d'échapper à la servitude systématique de la garde dominicale, pour que la même comédie se renouvelle à Göteborg.

*

L'importance d'une ordonnance médicale se mesure à sa longueur ainsi qu'au nombre quantitatif des médicaments prescrits et est plus ou moins suivie à la lettre selon que l'écriture du médecin qui l'a rédigée est plus ou moins lisible.

*

La tension d'un malade est à la mesure de l'attention que lui porte le médecin qui la lui prend.

*

On appelait jadis, à tort, maladies honteuses celles qui affectent les organes nobles et les parties généreuses des individus qui en sont atteints.

*

L'anesthésie, c'est l'abolition des privilèges de la sensibilité.

*

Celui qui, en fonction de son esprit inventif, inventera le pare-chocs opératoire aura bien mérité que son nom brille au fronton des blocs de même nature.

*

Une bonne opération chirurgicale n'est pas toujours une bonne opération financière pour celui ou celle qui en a été l'objet.

*

J'ai connu et vu un chirurgien aussi éminent qu'habile, et réciproquement, mais qui avait la vue extrêmement basse, procéder, en toute bonne foi, à l'ablation des testicules d'un client venu simplement pour se faire opérer des amygdales.

*

Quand une hémorroïde externe manifeste le désir de faire son internat, c'est la porte ouverte à la thrombophlébite par suite de l'orgueil démesuré des veines exagérément gonflées à bloc.

*

La pédiatrie, c'est l'art médical noble et généreux d'empêcher l'enfant de vieillir avant l'âge.

*

D'après la théorie des frères Julius et Amédéus Schpotzermann, plus un malade file un mauvais coton, plus il donne du fil à retordre aux praticiens qui s'occupent de sa bobine et de son bobinage organique.

*

Les docteurs licenciés ès sciences médicales ne sont pas, pour autant, autorisés à tenir des propos ni à se livrer à des actes licencieux et envers leur clientèle, tant féminine que masculine, pas plus qu'ils ne sont des praticiens foutus à la porte de l'Ordre des médecins justement et à cause de cela.

*

La greffe des organes n'a rien à voir avec le greffe du tribunal de première instance, mais tout avec celui de dernière insistance.

*

DERNIÈRE MINUTE

De Santiago du Chili :

Un sensationnel coup de théâtre vient de se produire. M. Francisco Lopez a repris possession de sa pharmacie après annulation, à l'amiable, des accords passés à Tanger avec M. Gustav-Adolphe Otersund, lequel s'est contenté de déclarer évasivement qu'il s'inclinait devant la noblesse des sentiments de M. Lopez.

P.-S. : C'est la pharmacie Lopez qui sera de garde dimanche prochain.

*

L'appendice, c'est le post-scriptum de l'organisme.

*

L'autopsie est le seul acte médical de médecine légale qui se pratique sur les motifs de l'ouverture en dalle mineure (*opus defunctus* 1549 et la suite) d'Ambroise Paré.

*

En vérité médicale critique et analytique, les coliques hépatiques sont des coliques prétentieuses dont le seul objectif est d'épater la galerie biliaire et les paisibles pêcheurs de calcul du canal cholédoque alors que les coliques néphrétiques n'ont pour autre ambition que celle de ne pas effrayer les inoffensifs pêcheurs de combinaison du canal de l'urètre.

*

Dans l'intérêt de la sécurité routière hématologique, j'estime et trouve, et réciproquement, que les excès de vitesse de sédimentation doivent être sévèrement réprimés par les agents pathogènes de la police sanguine.

*

En dépit de leur nom, tous les virus ne sont pas des sexes masculins d'origine soviétique.

*

En médecine policière, une fausse piste n'est pas forcément d'origine blennorragique.

*

À la faculté de médecine et de pharmacie, il est communément admis que les comprimés ne sont pas systématiquement des imbéciles diplômés.

*

La stérilisation des instruments de chirurgie n'entraîne pas, pour autant, la stérilité du chirurgien qui les utilise.

*

La recherche médicale a pour objet la découverte de nouveaux modes de traitement et non celle de nouveaux clients.

*

L'art dentaire consiste à soigner les dents des clients et non à soigner la mise en terre des corps défunts.

*

Quand on a un mal de dents, il faut le foutre dehors.

*

La stomatologie est une partie de la médecine qui étudie la bouche et ses maladies et non une étude culinaire pour faire de la sauce tomate logique en tout ou en partie.

*

Les gardes de nuit des hôpitaux et des cliniques sont les équivalents des gardes à vue nocturnes dans les locaux de la police judiciaire.

*

L'accouchement sans douleur va de pair avec le plaisir de la conception.

*

Malgré les progrès réalisés en gynécologie, on n'a pas encore trouvé les moyens de l'accouchement sans douleur du portefeuille.

*

L'état de santé d'un sortant d'une clinique est en fonction de celui en lequel il se trouve après règlement de sa note.

*

Les honoraires médicaux sont rarement honorifiques.

*

Être dur de la feuille n'empêche pas, pour autant, d'être mou de la branche, et réciproquement.

*

Il est fortement question, dans les milieux gynécologiques catholiques, d'instituer la fête de l'Immaculée Contraception pour célébrer la canonisation de la pilule anticonceptionnelle.

*

Je ne parviens pas à comprendre pourquoi, dans les pharmacies, on ne trouve pas des suppositoires au goût rectal du client, c'est-à-dire à la vanille, au café, au chocolat, praliné ou pas, panachés, au moka, à la fraise, à la pistache, à la framboise, au citron, à l'orange et même au bouillon de légumes ou de 11 heures.

*

DERNIÈRE MINUTE

De Santiago du Chili :

Confidentiel

En raison des événements, c'est pharm. Pedro Martinez qui sera de garde dim. pro. de 14 heures à 16 h 30 seulement.

*

Dans un centre plus ou moins hospitalier, le patient qui attend un calmant qui tarde à venir a parfois bien du mérite à l'être.

*

La fébrilité d'un patient qui s'impatiente est proportionnelle à la tranquillité du médecin qui l'examine.

*

Les patrons de la médecine psychiatrique patronnent les travailleurs du chapeau.

*

Les suppositoires à la nitroglycérine sont beaucoup plus efficaces que ceux à la glycérine pure, mais se révèlent bien plus bruyants.

*

Contrairement à ceux qui croient le contraire, les perfusions ne sont pas des effusions de père de famille.

*

Pour un malade à toute extrémité, l'onction médicale de dernier ressort est en rapport direct avec l'extrême-onction sacerdotale.

*

En stratégie tactique médicale militaire, un général endormi n'est pas réglementairement et hiérarchiquement sous l'effet d'une anesthésie générale.

*

À la décharge et à l'excuse des radiologues, il faut bien reconnaître en le constatant, et réciproquement, que quand les rayons X se mettent en Y ou en Z, ils ont bien du mérite et un sacré mal de chien pour les remettre à leur place de vingt-quatrième lettre de l'alphabet radiographique.

*

Les microbes résistants sont ceux qui se réfugient dans le maquis de l'organisme.

*

Pour le médecin de quartier, un cas médical sujet à caution est un cas médical sujet à potion. Pour le médecin de campagne, un cas médical campagnard est un cas médical sujet à la campagne médicale, et si, le cas échéant, le médecin de campagne est candidat à la municipalité, le cas campagnard médical est sujet à la campagne électorale municipale.

*

Soigner ses portes est un devoir civique et moral. Pas question, en effet, de les laisser claquer.

*

Un rhume de cerveau, c'est un nez qui coule de source.

*

Je ne vois pas pourquoi on dit toujours d'un homme très fiévreux qu'il a une fièvre de cheval et jamais d'un cheval également très fiévreux qu'il a une fièvre d'homme.

*

Avoir les traits tirés, c'est mauvais signe. Les avoir tirés à quatre épingles, c'est de bon augure.

*

Quand une hernie est étranglée, c'est à la police herniaire qu'il incombe de mettre l'étrangleur coupable de ce criminel étranglement en état d'arrestation afin de le livrer à la justice hernieuse.

*

Il est tout de même étrange que le mot « affection » signifie aussi bien attachement, amitié et tendresse que maladie grave, aiguë ou chronique.

*

Les coliques néphrétiques et les coliques hépatiques provoquent presque toujours des mouvements frénétiques effrénés, mais très rarement des manifestations excessives d'enthousiasme délirant.

*

La médecine du cœur concerne aussi bien ceux et celles qui n'en ont pas.

*

Les membres du corps médical qui connaissent l'art du bien manger savent qu'il faut se méfier des auberges qui affichent : « Ici, cuisine soignée », étant donné qu'une cuisine soignée est une cuisine malade dont l'état nécessite des soins.

*

La paracentèse est une opération chirurgicale qui consiste à pratiquer une ouverture afin de retirer le liquide qui s'est amassé dans une cavité naturelle et non une thèse d'escale qu'on fait passer à une centaine de parachutistes qui ont trop absorbé de liquide dans une cave sans autre ouverture que celle de la porte qui la ferme.

*

En philosophie chirurgicale et en vérité expérimentale, il est permis de se demander ce qui peut bien pousser certains individus qui n'ont rien dans le ventre à se le faire ouvrir aussi délibérément qu'incompréhensiblement.

*

Ceux qui ont les mains froides et le cœur chaud n'ont qu'à se les mettre sur ce cœur pour les réchauffer.

*

DERNIÈRE MINUTE

De Santiago du Chili :

Les circonstances étant ce qu'elles sont devenues, c'est la pharmacie Pedro Martinez qui sera timidement de garde dimanche prochain de 11 h 45 à midi et de 18 h 15 à 18 h 30. Entrée par la porte de service.

DES CHIFFRES ET DES ÊTRES

Pensées scientifiques et mathématiques

Chaque fois que l'occasion s'en présente, je pense, non sans raison valable et raisonnablement motivée, que le principe d'Archimède : « Tout corps plongé dans un fluide subit une poussée verticale dirigée de bas en haut égale au fluide déplacé », devrait, de nos jours, pour bonne et juste cause motivée par sa raison précise, être ainsi complété : « Tout corps humain plongé brutalement et de force dans un fluide lacustre, fluvial ou marin, après avoir subi une brusque poussée horizontale dirigée d'arrière en avant, qui ne refait pas surface à l'issue de trente jours d'immersion profonde peut être considéré comme étant définitivement et irrémédiablement perdu. »

*

Aristote ayant dit : « Il n'y a de science que le général », on peut en déduire que, entre 1958 et 1969, le général de Gaulle a été la science faite président de la République.

*

La recherche fondamentale scientifique à l'état pur et intégral consiste, pour les plus purs chercheurs fondamentaux, à chercher sans trêve ni relâche avec le ferme espoir de ne jamais rien trouver.

*

Si la Terre était vraiment aussi ronde qu'on le prétend, les ivrognes seraient peut-être moins ronds qu'ils semblent l'être quand ils le sont comme une boule.

*

DERNIÈRE MINUTE

De Santiago du Chili :

Par décision gouvernementale, c'est une pharmacie mobile de l'armée qui sera de garde itinérante dimanche prochain sous les ordres de l'adjudant-chef pharmacien Salvador Scuadron Cordinez.

*

Il est beau, le progrès ! Quand on pense que la police n'est même pas fichue de l'arrêter !

*

Tout ce qui est cher n'est pas bon marché. Les scientifiques l'ont démontré par A plus 39,95.

*

À l'encontre de ce que prétendent certains chercheurs scientifiques, la science infuse n'est pas une infusion de feuilles de scientisme, ni une tisane de racines carrées de plantes de culture maraîchère universelle.

*

L'écoulement des eaux est relativement proportionnel à l'écoulement du temps, de la fausse monnaie, de la foule, des liquides organiques et des sécrétions nasales.

*

La chaleur dilate les corps, le froid les contracte. Ça fait une bonne moyenne.

*

Si deux et deux font quatre, huit et huit font seize, seize et seize ne font absolument pas trente-neuf quatre-vingt-quinze.

*

Deux et deux font quatre à condition que huit et huit fassent seize et que deux mille huit cent quatre-vingt-quinze moins deux mille huit cent quatre-vingt-dix fassent cinq.

*

Le carré est un triangle qui a réussi ou une circonférence qui a mal tourné.

*

DERNIÈRE MINUTE

De Santiago du Chili :

Depuis le retour du pharmacien Lopez à Santiago du Chili, la fièvre monte dans les chancelleries du monde entier. Le gouvernement suédois a rappelé son ambassadeur au Chili. Dans le même temps, le représentant de Santiago aux Nations unies s'est enfermé dans un mutisme menaçant. De leur côté, le Foreign Office s'agite et le Quai d'Orsay consulte. Au Kremlin, le Soviet suprême s'est réuni en séance secrète en attendant l'arrivée du secrétaire général de l'ONU qui vient d'accepter la lourde charge d'une mission de conciliation. De plus, des rumeurs impossibles à vérifier font état de mouvements de troupes chinoises à la frontière de la Mongolie extérieure. Quant à la presse mondiale, elle se tait. Et pour cause ! Les gouvernements ont imposé un black-out complet et un manteau de silence s'est abattu sur le monde.
Dernier scoop de Paris, la planète serait-elle, à nouveau, un volcan sur le point d'entrer en éruption ? L'espoir revient toutefois depuis une déclaration du porte-parole de l'Élysée à la sortie du Conseil des ministres : « Le président de la République française a décidé de régler l'affaire Lopez. » Un grand pas vient d'être franchi.

*

S'il est vrai que 2 et 2 font de leur mieux pour faire 4, il est non moins vrai que 18 et 20 font tout ce qu'ils peuvent pour ne pas faire 39,95.

*

En arithmétique philosophique, deux cinqsertations ne valent pas une dissertation.

*

Si les parallélogrammes se vendaient au kilo, les parallélépipèdes se débiteraient à la livre, quitte à perdre leurs six faces et à tomber du haut de leurs huit sommets.

*

Il y a autant de rapport entre une table de logarithmes et une table de multiplication qu'entre une table de bridge et une table des matières.

UN POINT D'INTERROGATIONS

Pensées interrogatives

Je me suis souvent demandé, en vain, et je me le demande encore, à quoi peuvent songer ceux qui ne pensent a rien...

*

Comment expliquer que, à force de manger beaucoup de pain, on finisse par avoir de la brioche ?

*

Je me suis toujours étonné et j'ai toujours été surpris qu'un record battu ne se soit jamais plaint de l'avoir été.

*

On s'interroge et on reste confondu quand on pense qu'un homme qui gravit une côte n'aurait qu'à se retourner pour la descendre.

*

Je me suis toujours demandé comment ceux qui mènent leur vie sur une grande échelle ne se cassent jamais la figure.

*

Pourquoi attend-on, pour relever le SMIC, qu'il ne tienne plus debout ?

*

Depuis le temps que la nuit succède au jour et que le jour succède à la nuit, je me demande à quelle somme fantastique et astronomique se montent les droits de succession des jours et des nuits successifs.

*

En montant un escalier, on est toujours plus fatigué à la fin qu'au début. Dans ces conditions, pourquoi ne pas commencer l'ascension par les dernières marches et terminer par les premières ?

*

Mais où se trouve exactement située la ville de Saint-Gétorix ? J'ai mille fois entendu dire « vers Saint-Gétorix » et je ne trouve pas ce nom sur la carte.

*

Comment expliquez-vous qu'on puisse avoir dans le nez des gens qu'on ne peut pas sentir ?

*

Et si nous cessions de suivre aveuglément les modes en nous contentant d'écrire toujours à l'indicatif ?

*

Je reste parfois confondu devant l'originalité de la nature humaine. Songez qu'il ne faut pas moins de dix-huit années pour remplir les conditions de pleine adolescence et que cinq minutes suffisent pour faire le plein d'une voiture de moyenne cylindrée.

*

Si on ne peut pas faire ce qu'on veut chez les autres, ne vaut-il pas mieux rester chez soi ?

*

Si la mie n'existait pas, de quoi seraient remplis les pains de quatre livres ?

*

Pour quelle raison mystérieuse et inconnue tout ce qui ne veut rien dire s'obstine-t-il à le dire ?

*

Certains donnent leur parole, mais ne la tiennent pas. Comment voulez-vous qu'ils la tiennent, puisqu'ils l'ont donnée ?

*

Quelle peut bien être la réaction d'une idée bien arrêtée qui voit passer une pensée fugitive et fuyante ?

*

Qu'est-ce qu'un carrefour sinon, en vérité de rond-point, un centre d'accueil où viennent se réfugier les voies de convergence.

*

DERNIÈRE MINUTE

De Santiago du Chili :

Le président de la République française s'est rendu discrètement et sans escorte dimanche à la pharmacie Lopez, qui, hasard des calendriers, était de garde. Le chef de l'État a remis son ordonnance à M. Francisco Lopez. Ce dernier, visiblement ému, a promis de l'exécuter dans les délais les plus brefs, voire les moins longs, et réciproquement.

*

Dans une démocratie égalitaire comme la nôtre, il est permis de se demander de quelles occultes protections jouissent les passages protégés des routes de France.

IL EST UNE FOI ET AUTRES FOIS

Pensées évangéliques

Dieu est le seul et unique président-directeur général de la société universelle dont la responsabilité soit illimitée.

*

L'habit ne fait pas le moine, mais le chapeau fait l'évêque et les quatre points, les cardinaux.

*

Péché avoué est à demi pardonné, mais pécheur qui ne prend rien ne se pardonne qu'à moitié de ne rien prendre, tout en gardant l'autre moitié de son pardon pour s'absoudre à demi de n'avoir rien pris.

*

La Sainte-Trinité, c'est le divin tiercé du ciel.

*

L'heure du berger est parfois celle des brebis galeuses.

*

La bonne moyenne de la croyance s'établit par le total de ceux qui croyaient et qui ne croient plus et de ceux qui ne croyaient pas, et qui croient.

*

Au temps du jugement dernier, quand, comme il est dit dans la Bible, les premiers seront les derniers, ça fera une pagaille terrible : aucun ne voudra entrer le premier.

*

On parle souvent du Nouveau Testament sans dire qui a hérité de l'Ancien.

*

Se retirer du monde pour entrer dans les ordres, c'est rentrer en soi-même pour y mettre de l'ordre.

*

« Errare humanum est », d'accord ! Mais j'ajouterais : *« Errare humanum ouest »*, parce qu'il n'y a aucune raison de favoriser un point cardinal plutôt qu'un autre.

*

Il existe encore des gens qui prennent le Messie pour une lanterne.

*

Le véritable athéisme consiste à croire que Dieu lui-même ne croit pas en lui.

*

Si le dogme de l'Immaculée Conception est évangéliquement et surnaturellement reconnu par l'Église catholique, apostolique et romaine, il est démocratique et naturel que celui de la maculée contraception le soit par l'état civil laïque et français.

*

Toute femme de ménage chrétienne, croyante et pratiquante a pour évangélique et pieux devoir de ne se placer exclusivement que dans une institution religieuse afin d'être en l'état de grâce nécessaire et suffisant pour regarder le ménage se faire tout seul par l'opération du Saint-Esprit.

*

Toutes les routes du monde aboutissent dans l'autre.

*

La formule évangélique : « En vérité je vous le dis » sert, aux faux jetons, à transformer les vrais mensonges en fausses vérités.

*

Le vrai croyant est celui qui croit en ce qu'il croit et non à ce que les incroyants tentent de lui faire accroire.

*

« Ce que femme veut, Dieu le veut. » D'accord, mais je me demande quand même si Dieu veut vraiment que ma femme achète la garniture de bureau dont elle tient absolument à me faire cadeau pour la fête des paires de boutons de manchettes.

*

DERNIÈRE MINUTE

De Santiago du Chili :

Il est encore trop tôt pour se faire une idée du résultat de l'initiative du président de la République française pour régler l'affaire Lopez. Tout ce que l'on peut dire, c'est que, depuis sa rencontre historique avec le chef de l'État, M. Francisco Lopez se trouve dans un état d'exaltation qui frise le délire.

Revêtu d'un uniforme de capitaine de zouaves de 1914-1918, il oblige désormais chacun de ses clients à chanter *La Marseillaise* au moment de régler le moindre de ses achats. De plus, son officine ainsi que les produits en vente sont entièrement pavoisés de tricolore. Pour le moment, le mot d'ordre est prudence et discrétion, jusqu'à plus ample informé.

LA MER D'ALORS

Pensées sur la mer

La mer est une vaste étendue d'eau salée, et non, en dépit de ce qu'affirment certains, un immense tas de sel recouvert d'eau douce.

*

Ces vastes et immenses étendues d'eau salée n'empêchent pas pour autant les gros trafiquants maritimes de se sucrer avec.

*

La mer qu'on voit danser le long des golfes clairs est la même que celle qu'on ne voit pas se comporter ainsi et de la sorte par temps de brume épaisse et de visibilité nulle.

*

En intimité maritime, le lagon est à la lagune ce que chacun est à chacune.

*

Les pêcheurs qui se consacrent exclusivement à la pêche Melba sont les usufruitiers de la marine de pêche.

*

C'est quand un navire a le vent debout que ses passagers ont du mal à se tenir de la même façon.

*

Un double bassin de radoub est un bassin de radouble.

*

Un quart de marine bien tenu vaut mieux qu'un demi de bière mal tiré.

*

Sur un bateau ivre, tous les marins sont saouls. Et réciproquement.

*

C'est derrière les fronts de mer que les marins dissimulent leurs pensées secrètes qui vont de pair avec leurs réflexions cachées.

*

Alexandre Dumas de Misaine est le fils d'Alexandre Dumas d'Artimon qui en est le père.

*

La mer des Caraïbes est loin de l'océan Glacial Arctique parce que c'est comme ça et pas autrement.

*

Le fret maritime se décompose et se qualifie de la manière suivante : le petit fret, c'est celui qu'on transporte à la fraîcheur du soir. Le moyen fret, c'est celui qui couvre les siens. Le grand fret, c'est celui de grand standing. Les notes de fret se règlent à son débarquement. Et quand un fret sent mauvais, c'est qu'il ne l'est pas.

*

Les caps dangereux que tentent désespérément de doubler les navigateurs en péril sont rarement de Bonne-Espérance.

*

Quand la mer est méchante, c'est que son mauvais fond marin remonte à la surface. Voilà pourquoi, quand elle est agitée, il faut y regarder à deux fois avant de s'en servir.

*

Le mouvement des marées et le mouvement des capitaux sont les deux mamelles du mouvement perpétuel.

*

La marée haute est une marée condescendante et la marée basse est une marée déférente.

*

Une marée vicieuse, c'est une marée salope.

*

Quand deux bateaux naviguent de conserve, ça ne prouve pas qu'ils en transportent des boîtes.

*

La création des plages remonte aux temps très anciens où, pour revendiquer ses droits maritimes, la mer faisait la grève sur le tas de sable.

*

Un bateau qui chasse sur son ancre, c'est un peu comme un dragueur qui chasse la fille.

*

À l'inverse des hommes, l'océan se retire pour que la mer garde ses poissons.

*

Quand la mer moutonne, c'est que les troupeaux marins sont en transhumance.

*

Les langoustes sont des homards qui n'ont pas réussi et les langoustines, des langoustes sous-développées.

*

Les fonds marins top secret sont les fonds ultraconfidentiels du contre-espionnage sous-marinier.

*

Un estuaire est une mer qui ouvre sa grande gueule pour avaler un fleuve.

*

Pour les navigateurs, les passes dangereuses sont des mauvaises maisons de passe maritimes.

*

Les crabes sont les frimants du cinéma marin.

*

Quand un homme de vigie, marin d'origine alsacienne qui a conservé son accent de terroir, crie, en contrepétant : « Le fut est en brutte », au lieu de : « Le but est en vue ! », il est rare qu'un marin d'origine bourguignonne, si le but en vue est un port iranien, ne s'écrie pas à son tour : « Y a qu'à le mettre en perce, crévain de Dieu ! »

*

Les limandes-soles sont des poissons de mer indécis qui ne savent pas ce qu'ils veulent.

*

Les oursins sont des oursons marins qui vivent sur les pentes rocheuses des montagnes liquides et dont la nature ne manque pas de piquant.

*

La plus belle et la plus spectaculaire performance que puisse accomplir une tapineuse des ports qui travaille à l'abordage sur les bittes d'amarrage, c'est de filer correctement régulièrement ses 30 nœuds à l'heure.

*

Quand les eaux territoriales envahissent le territoire, celui-ci est en état de bain de siège.

*

Rien ne sert de plonger si c'est pour faire la planche.

*

C'est au moment où un homme se noie qu'il se rend compte qu'il a parfois eu tort de méconnaître les bienfaits de la sécheresse.

*

Malgré ce que s'imaginent faussement certains profanes impénitents, l'aviculture n'est pas la culture de la vie, pas plus que la pisciculture n'est la culture des pisseurs de copie.

*

Les pêcheurs de lune ne font de la pêche sous-marine que par les nuits sans lune, dans le seul but de pêcher des rêves dans les fonds sous-marins.

*

DERNIÈRE MINUTE

De Santiago du Chili :

Peu après l'ouverture de sa pharmacie, qui sera de garde dimanche prochain, M. Francisco Lopez a reçu une lettre que le président de la République française lui a personnellement adressée. Ouverte par erreur par les services de la Poste, elle a été immédiatement photocopiée puis communiquée à une agence de presse. Pour cette raison, nous sommes en mesure de vous en communiquer le contenu…

« Toute ma vie, écrit le président de la République française, je me suis fait une certaine idée de la pharmacie Lopez. Le sentiment mais aussi la raison me donnent l'impression que la Providence l'a créée pour des succès achevés et des malheurs exemplaires, et réciproquement. J'ai trouvé en vous, cher Francisco Lopez, une grandeur, une noblesse, un courage, enfin, qui m'ont touché. On vous pousse à droite, on vous tire à gauche, on sape le rocher sur lequel vous vous accrochez, les hommes et les partis s'agitent autour de vous, les intrigues se nouent et se dénouent… vous demeurez impavide, ne cédant pas à la peur ou au désespoir, repoussant les traîtres et méprisant les lâches. Vous attendez, sans amertume, avec la certitude qu'un jour viendra où le monde vous reconnaîtra pour un des siens.

Cher Francisco Lopez, vous avez fait naître l'espoir au sein d'une humanité malade, où des trublions d'occasion veulent, au nom de je ne sais quel idéal plus égoïste que philosophique, jeter la discorde et la haine. Pour vous, j'en suis certain, cher Francisco Lopez, l'heure des permanences dominicales sera bientôt révolue. Vous serez

bientôt, j'en suis sûr, placé devant un choix lourd de conséquences et vous devrez faire face au poids de vos responsabilités. De hautes aspirations vous attendent. Je vous propose de venir à Paris, chez moi, à l'Élysée, pour en discuter. »
Bien entendu, Francisco Lopez a aussitôt accepté l'invitation. À condition toutefois qu'elle tombe, c'est bien normal, entre deux de ses tours de garde dominicaux.

*

En conclusion logique, en toute justice liquide et en toute vérité aquatique, avant l'eau, ce n'est pas l'eau, après l'eau, ce n'est plus l'eau, l'eau, c'est l'eau, un point, c'est tout.

AU FIL DU TEMPS QUI FILE

Pensées d'hier, d'avant-hier pour demain et les jours suivants

Si la préhistoire a précédé l'histoire, il n'a jamais été démontré que la prescience a précédé la science.

*

L'âge de la pierre polie a succédé à celui de la pierre grossière et mal élevée.

*

Malgré les apparences et en dépit d'elles, les Gallo-Romains n'étaient pas des Romains qui avaient la gale.

*

Quoi qu'en prétendent certains supporters exagérément chauvins, Montaigne n'a jamais été un joueur de rugby de classe internationale. Il a réussi des essais sans jamais parvenir à les transformer. Chaque fois qu'on l'a interrogé sur ce manque, il a toujours répondu : « Que sais-je ? »

*

Ce n'est pas le *God Save the King* que chantaient les croisés britanniques de la première croisade, mais le *GodFroi de Bouillon.* De même, ce n'est pas le serment du Jeu de paume, mais le serment du jus de pomme que prêtèrent les députés du tiers état, de la section des cidrophiles, le 20 juin 1789.

*

C'est le physicien André Ampère et non Victor Hugo qui a écrit l'art d'être ampère.

*

On a longtemps prétendu, et on le prétend encore, qu'en 1900, c'était la Belle Époque. Mais on a toujours omis de dire pour qui.

*

Sous le régime tsariste, quand les bateliers de la Volga étaient ivres, on les appelait les bateliers de la Vodka.

*

Veni, vidi, Vichy : le slogan idéal pour une certaine station thermale.

*

Les résistants de 1945 sont, parmi les plus glorieux et les plus valeureux combattants de la Résistance, ceux qui méritent le plus d'estime et le plus de respect parce que, pendant plus de quatre ans, ils ont courageusement et héroïquement résisté à leur ardent et fervent désir de faire de la résistance.

*

DERNIÈRE MINUTE

De Santiago du Chili :

C'est très vraisemblablement à l'occasion des fêtes de fin d'année que M. Francisco Lopez s'envolera à destination de Paris pour répondre à l'invitation du président de la République française à venir lui rendre visite en son domicile du palais de l'Élysée. En attente de cet événement historique, le célèbre pharmacien de l'avenida San Martin a trouvé le moyen d'accroître encore son immense popularité. Il offrira désormais à tout acheteur de l'un de ses produits pharmaceutiques une prime exceptionnelle consistant en un lavement gracieux d'un litre et demi de glycérine mentholée, au bouillon de légumes ou à la gratinée du chef. À consommer sur place.

*

Il faut une infinie patience pour attendre toujours ce qui n'arrive jamais.

*

À l'encontre de ce que racontent ceux qui ne se renvoient pas l'ascenseur, la fête de l'Ascension n'est pas celle des liftiers.

*

J'ai vu, un 1er janvier, deux hommes tomber raides morts alors qu'ils venaient de se dire mutuellement : « Je vous souhaite tout ce que vous pouvez me souhaiter. »

*

C'est l'inconséquence et l'impatience des hommes qui ont fait les heures trop courtes ou trop longues à leur gré, malgré l'inexorable déroulement du fil des jours.

*

Pour un colonel en retraite qui, avec brio, a commandé un régiment devant l'ennemi, rien n'est plus démoralisant ni plus déprimant que de se voir réduit à commander une choucroute avec un demi dans une brasserie.

*

Le pressentiment, c'est le souvenir du futur.

*

L'avenir, c'est du passé en préparation.

*

Nous sommes à la veille des jours prochains.

*

DERNIÈRE MINUTE

De Santiago du Chili :

Afin de préparer au mieux sa rencontre avec le président de la République française, M. Francisco Lopez échange actuellement, à longueur de journée, de mystérieux coups de téléphone avec les magasins les plus luxueux et les usines les plus snobs de la capitale. Avide de savoir, une foule de plus en plus dense envahit désormais la chaussée, rendant ainsi toute circulation impossible. Pour limiter les dégâts, la police a d'abord placé l'avenida San Martin en sens interdit à chacune de ses extrémités. L'avant-veille du surlendemain, devant l'inefficacité de la mesure, elle l'a mise en double sens unique. Bien entendu, cela n'a pas arrangé les choses. En bon citoyen soucieux de rétablir l'ordre, M. Francisco Lopez a alors actionné sa pompe à sirop de tolu, ce baume provenant des forêts les plus proches, et a copieusement aspergé ses fidèles supporters qui l'ont aussitôt acclamé pour ce geste si démocratiquement adoucissant.

*

Ce n'est que dans les jours suivants qu'on peut vraiment se rendre compte de ce qui s'est passé la semaine précédente.

*

Les jours se suivent et ne se ressemblent pas, surtout quand ils ne ressemblent à rien.

*

Les choses étant ce qu'elles sont, les prochains jours seront ce qu'ils seront. Ce qui ne les empêchera pas, pour autant, d'être de nature diversifiée et même contradictoire, pour peu que les circonstances s'y prêtent.

AH, J'Y PENSE !

Pensées éparses

La bonne humeur est la fille aînée de la puissance tranquille.

*

Se laisser aller à la facilité, c'est faciliter le laisser-aller.

*

Un beau chapeau, c'est bien, mais pour marcher, rien ne vaut une bonne paire de chaussures.

*

Quand tous ceux qui ne font rien n'empêcheront plus les feignants de travailler, il faudra bien que les oisifs se mettent aussi à l'ouvrage !

*

L'âme des Justes qui ont péri dans les fours crématoires est immortelle. La preuve, dans le ciel, j'ai vu briller des étoiles jaunes.

*

Si les hommes vivaient en moyenne six cents ans, les centenaires auraient l'air de blancs-becs.

*

La meilleure manière de prendre un autobus en marche, c'est d'attendre qu'il s'arrête.

*

Que peut-on dire de valable de quelqu'un qui ne vous dit rien qui vaille ?

*

Ceux qui achètent, échangent ou vendent n'importe quoi à n'importe quel prix, peuvent donner rendez-vous n'importe où et à n'importe quelle heure : n'importe comment, il n'y aura jamais personne.

*

La stabilisation est à l'équilibre ce que la barre fixe est au trapèze volant.

*

Celui qui regarde avec son nez se mouche dans le néant.

*

Il est aussi difficile de prendre les mouches avec du vinaigre que des moustiques avec un lasso.

*

Il n'y a rien de plus facile que de retrouver une aiguille dans une botte de foin : il suffit de brûler la botte. L'aiguille apparaîtra ensuite, mais flambée.

*

Quoi de mieux qu'une plume bien ronde pour dessiner un carré ?

*

L'homme fort a parfois des faiblesses d'autant plus fortes que les circonstances lui interdisent d'être un homme faible.

*

Les voies qui ne sont ni en sens unique, ni en sens interdit, ni à double sens, n'ont aucun sens parce qu'elles vont dans tous les sens.

*

Quand un faux jeton vous adresse la parole en vous regardant droit dans les yeux, c'est la personne qui se trouve à votre droite, ou à votre gauche, qui répond généralement à votre place.

*

Il y a des gens qui sont tellement aimables qu'ils ne savent que faire pour vous être agréables. Et comme ils ne savent que faire, ils ne font rien.

*

DERNIÈRE MINUTE

De Santiago du Chili :

Depuis quarante-huit heures, sur la porte hermétiquement close et étroitement verrouillée de la pharmacie Lopez, une pancarte ainsi libellée est apposée : « Fermeture indéterminée pour cause de réouverture imminente. »
Les rumeurs les plus fantaisistes et les plus contradictoires circulent sur les raisons qui ont poussé M. Francisco Lopez à rédiger cet incompréhensible avis. En revanche, on n'a pas noté la moindre réaction officielle dans les milieux de la police et du conseil de l'Ordre des pharmaciens. On murmure que, en privé, ils se seraient contentés de hausser les épaules et d'arborer un sourire complice et averti. De son côté, M. Francisco Lopez passe ses journées dans les bijouteries de luxe ou devant les éventaires de cannes et de parapluies à sucre. On n'en sait pas plus pour le moment.

*

Il n'y a pas à tortiller du cuir chevelu pour friser droit.

*

Il est faux de croire qu'il existe un rapport quelconque entre une mère de famille nombreuse et une machine à photocopier.

*

L'homme est d'autant plus fort devant l'adversité que celle-ci est plus faible.

*

Si nous payons les pots cassés, c'est que nous en avons profité.

*

Entre une semelle de crêpe et un double-crème, il n'y a que la différence qui existe entre les choses qui n'ont aucun rapport entre elles.

*

Qu'on le veuille ou non et qu'on l'admette ou pas : pisser rouge dans un verre de blanc ne donne pas pour autant du vin rosé.

*

Tout orateur ou tout comédien qui parvient à prononcer en accéléré, sans hésiter, sans souffler et sans bafouiller soixante-quinze fois de suite : « Je veux et j'exige, j'exige et je veux » est en droit d'exiger tout ce qu'il veut et de vouloir ce qu'il exige.

*

Les détracteurs agricoles sont les dépréciateurs de l'agriculture.

*

Quand on dit d'un artiste comique de grand talent qu'il n'a pas de prix, ce n'est pas une raison pour ne pas le payer sous le fallacieux prétexte qu'il est impayable.

*

Certains théâtres parisiens ont souvent flambé. Sans doute parce qu'ils avaient trop souvent mis à l'affiche des artistes ayant l'habitude de brûler les planches.

*

Lorsqu'on dit qu'une salle de spectacle est à moitié vide, cela signifie en même temps qu'elle est à moitié pleine.

*

Walkyrie vendredi, dimanche à l'Opéra.

*

Le baccalauréat, c'est le permis de conduire le véhicule des connaissances acquises à la station-service de l'intelligence, pour faire le plein de super ou d'ordinaire.

*

Quand un mari trompe sa femme avec sa belle-sœur et que sa femme le trompe avec son beau-frère, l'adultère ne sort pas de la belle-famille et se passe, de ce fait, en famille plus ou moins belle.

*

Les chiens de fusil sont aux chiens de chasse ce que les chiens de chasse sont à la chasse au fusil de chasse.

*

Un bon divan est souvent ce qu'il y a de plus efficace pour meubler une conversation.

*

Un coup de pied au derrière fait souvent plaisir. Surtout quand on le donne.

*

Douze hommes en colère, debout sur une barricade pour se révolter contre une injustice sociale, sont plus dignes d'estime qu'une douzaine de types apathiques assis passivement sur un banc qui ne protestent pas contre l'injuste refus d'un avantage social.

*

Quand on a exercé la profession de garde des corps d'une grande banque, on ne peut, ensuite, qu'accepter une place en or.

*

Quand la moisson est pauvre, le pain n'a qu'un croûton.

*

Dans un mess d'officiers, le menu militari est de rigueur.

*

Quand, sur les 12 cylindres d'une voiture de compétition insuffisamment mise au point, il y en a 3 en V, 3 en WW, 3 en Y et 3 en Z, c'est qu'il est nécessaire d'y adjoindre 3 cylindres complémentaires d'accentuation, l'un en accent grave, l'autre en accent aigu et le troisième en accent circonflexe. Poil aux bons réflexes.

*

DERNIÈRE MINUTE

De Santiago du Chili :

L'inquiétude règne dans tout le pays et va jusqu'à gagner les indigènes du pic de Tronador, pourtant situé dans la cordillère des Andes, à 3 471 mètres d'altitude. M. Francisco Lopez a, en effet, remplacé la pancarte : « Fermeture indéterminée pour cause de réouverture imminente » qu'il avait fait apposer sur la porte de sa pharmacie par une autre ainsi libellée : « Réouverture imminente pour cause de fermeture provisoirement définitive. » Par mesure de précaution, les autorités ont discrètement fait mettre en état d'alerte les principaux centres psychiatriques de la région.

*

Il vaut mieux être assommé à grands coups de sucre d'orge qu'à coups de tisonnier.

*

Certains écrivains qui se déclarent le fils de leurs œuvres sont nés de parents méconnus.

*

Face aux veaux qui, sentant le rance, exhalent un relent nouveau, on peut dire sans outrance : « Il y a des relents de rance veau. »

*

Un handicap peut se transformer en avantage à condition qu'il soit de bonne espérance.

*

Ah ! que la vie serait jolie si elle pouvait s'écouler au gré de notre fantaisie. Si, touché par la grâce divine, un législateur nous disait : « Plus de code, plus de discipline, faites simplement ce qui vous plaît. » Alors nous partirions le cœur à l'aise et irions, au son du jazz, chanter en grec *La Marseillaise* devant la Compagnie du gaz.

VOUS PRENEZ LA FORMULE ?

Pensées proverbiales

Il vaut mieux chercher une anguille sous roche que dans une botte de foin.

*

Celui qui dit : « Aux innocents les mains pleines » se garde bien de dire de quoi sont pleines les mains des innocents.

*

Les bons comptes font les bons amis, mais les bons amis ne font pas toujours les meilleurs comptes.

*

Si vous avez les yeux plus gros que le ventre, vous n'êtes pas près de trouver une paire de lunettes à votre taille.

*

Pourquoi dit-on : « Tout bonheur que la main n'atteint pas est un rêve » et jamais : « Tout malheur qu'atteint le pied est une cruelle réalité. »

*

Si la prudence est la mère de la sûreté, elle est également la belle-mère de la PJ.

*

Il n'y a, dit-on, que la vérité qui blesse. Un sac de ciment de 50 kilos qui tombe du sixième étage d'un immeuble en construction et qui atterrit brutalement sur votre crâne doit avoir les mêmes effets.

*

Il n'y a pas de fumée sans feu, pas plus que de salades sans assaisonnement et de linge sale sans tache de graisse.

*

Quand, à la Saint-Médard, il tombe de la pluie, de la neige, de la grêle, des hallebardes et de la suie, on est tranquille pour quarante jours plus tard, parce que, à part tout ça, qu'est-ce que vous voulez qu'il tombe ? Oui, je sais, mais enfin, c'est plutôt rare.

*

À force de chercher midi à 14 heures, on finit par perdre son temps.

*

Si ma tante en avait, on l'appellerait « mon oncle », et si mon oncle en était, on l'appellerait « ma tante ».

*

Il ne faut jamais jeter le manche après la cognée, sauf si la cognée qu'on cogne vous a traité de manche.

*

DERNIÈRE MINUTE

De Santiago du Chili :

On a retrouvé la trace de M. Francisco Lopez ! Après avoir fermé sa pharmacie, il est entré pour faire retraite au monastère San Felipe de Llullaillaco, avenida Presidente Erraguriz, 3790. Tél. : 448-7966.

*

Si la fortune vient en dormant, ça n'empêche pas les emmerdements de venir au réveil.

*

Quand, pour employer l'expression populaire, il y a du monde au balcon, il y a toujours du monde aux fenêtres pour le regarder et l'apprécier.

*

Et dose elle a vécu ce que vivent les doses : l'espace d'un vaccin.

*

Le soleil luit pour tout le monde, ou pour personne selon le temps qu'il fait.

*

Si la Seine coule à Paris, le brie coule à Melun.

*

Celui qui écrit : « Noël au balcon, Pâques aux tisons » doit croire, depuis son enfance, que le père Noël a l'habitude de déposer sur un balcon des tisons fumants sans faire cuire les œufs de Pâques.

*

Le proverbe évoquant les cordonniers qui sont les plus mal chaussés est également valable pour les andouilles mal ficelées.

*

Au siècle du progrès, le très ancien proverbe : « Il ne faut jamais mettre la charrue avant les bœufs » doit être remplacé par : « Il est recommandé de ne pas mettre la pelleteuse mécanique avant le bulldozer. »

*

« Chose promise chose due » est un proverbe sujet à caution parce qu'il en est trop souvent peu tenu compte dans les milieux officiels.

*

Le dicton proverbial qui dit : « Dis-moi qui tu hantes et je te dirai qui tu es » ne dit pas, mais devrait dire : « Dis-moi ce que je te dois, je te dirai si je peux te le rendre. »

*

Le proverbe empirique qui dit : « C'est en forgeant qu'on devient forgeron » est un proverbe de vérité. Il est plutôt rare, en effet, qu'en forgeant un forgeron devienne petit télégraphiste ou mannequin de haute couture.

*

Jadis on disait : « Chacun pour soi et Dieu pour tous. » Maintenant on dit toujours : « Chacun pour soi, Dieu pour tous », mais on ajoute : « Et 10 % de pénalité. »

*

S'il faut tourner sa langue sept fois dans sa bouche avant de parler, combien de fois ne faut-il pas tourner autour d'un pâté de maisons pour trouver une place pour garer sa voiture ?

*

« Qui se sent morveux, qu'il se mouche » est un proverbe correct et régulier, car il n'y a aucune raison pour que j'aille moucher le nez d'un type que je ne connais pas, que je n'ai jamais vu et dont je n'ai strictement rien à foutre.

*

Si, avec un si, on peut mettre Paris dans une bouteille, on doit pouvoir aussi, avec un si bémol ou naturel, mettre une contrebasse dans un porte-documents ou un hélicon dans un carton à chapeau.

*

Il ne faut jamais remettre au lendemain ce qu'on n'a pas fait le jour même, mais qu'on aurait pu faire la veille ou l'avant-veille du surlendemain.

*

Tout vient à point à qui sait attendre ce qui l'attend au tournant et qui lui pend au nez sans savoir d'où ça vient.

*

Les murs ont des oreilles dans la mesure où les cloisons sont nasales et les conduits en acoustique.

*

DERNIÈRE MINUTE

De Santiago du Chili :

Un coup de théâtre vient d'éclater comme un coup de tonnerre ou une grenade dégoupillée dans la capitale chilienne. Devant des journalistes venus du monde entier, M. Francisco Lopez a expliqué les raisons de sa retraite au monastère San Felipe de Llullaillaco. Il a ainsi déclaré que de pieuses méditations l'avaient amené à penser que son état de célibataire était incompatible avec sa gloire nouvelle. Il a donc pris la grave décision de se marier. Avec qui ? Il a refusé de le dire, courtoisement d'abord, puis grossièrement devant l'insistance des journalistes. Il a toutefois promis de révéler son secret, dès sa sortie de retraite. Elle aura lieu en fanfare et aux flambeaux, selon le rite traditionnel du monastère dont, à toutes fins utiles, nous rappelons l'adresse : avenida Presidente Erraguriz, 3790. Tél. : 448-7966. Compte-chèques postal 1.182/80, centre Antofagasta, oficina Correo, n° 11, Providencia 1.388.

*

Si l'oisiveté est la mère de tous les vices, l'outillage est le père de tous les tournevis et le beau-frère de tous les vilebrequins.

*

Qui ne dit rien consent, mais qui consent à tout sans rien dire n'est pas un bon à tout mais un propre à rien.

*

S'il est vrai qu'il y a loin de la coupe aux lèvres, il est aussi vrai qu'il n'y a pas loin de 400 kilomètres de Paris à Clermont-Ferrand et réciproquement.

*

« Qui vole un œuf vole un bœuf », dit un proverbe honnête et moral, mais : « Qui vole un bœuf est bien emmerdé de ne pouvoir l'emporter comme un œuf », dit un autre proverbe.

*

Si l'habit ne fait pas le moine, aucune règle monastique n'interdit à un moine de se faire marchand d'habits monacaux à Monaco.

*

Qui ne dit mot consent, qui se tait approuve, qui ne parle pas réfléchit, qui la boucle la ferme, qui la ferme ne l'ouvre pas, qui garde le silence renforce son mutisme et qui dit tout haut ce que les autres pensent tout bas se met à dos tous ceux qu'il a devant lui.

*

Un bon chien vaut mieux que deux scélérats et réciproquement.

*

Qui trop embrasse mal étreint, qui mal étreint perd les pédales et qui perd les pédales se fout la gueule par terre.

*

À l'impossible, dit-on, nul n'est tenu. Mais impossible n'étant pas français, ce proverbe ne concerne que les étrangers.

*

Bonne renommée vaut mieux que ceinture de flanelle de judo.

*

Bien mal acquis ne profite jamais qu'à ceux qui sont assez malins pour ne pas se faire épingler.

*

Le mieux est l'ennemi du bien, mais le pire est l'ami de l'excès.

*

DERNIÈRE MINUTE

De Santiago du Chili :

M. Francisco Lopez vient de révéler à la presse l'élue de son cœur. Il s'agit de la toute charmante señorita Consuela del Suedo, fille cadette del señor Fermin Vivaceta del Suedo, riche producteur de guano et gros propriétaire de vignobles à Viña del Mar, proche de Valparaíso, et de la señora Concepcion y Pisagua y Sacorro y Mackena y Mapocho y Cariola y Madrugada y Balneario y Panimavida y Schtrumkopf y Calamar del Rio Blanco. En attendant les fiançailles prévues pour samedi en huit ou dimanche en neuf, M. Francisco Lopez a fait apposer sur la devanture de sa pharmacie une pancarte ainsi libellée : « Pour raisons matrimoniales, la fermeture provisoire de rigueur est remplacée par une clôture momentanée. »

*

Il n'y a pas de fumée sans feu, ni de téléphone sans abonnement.

*

À chaque jour suffit sa peine, et à chaque pêne suffit sa clé.

*

Un très ancien proverbe birman dit : « Rien ne sert de courir si on n'est pas pressé et rien ne sert de marcher si on n'est pas foutu de se tenir debout. »

*

Un autre très ancien proverbe birman dit : « Rien ne sert de pisser si on n'en a pas envie. »

*

Un tout autre très ancien proverbe birman, plus ancien encore que les deux précédents, dit je ne me rappelle pas trop quoi au juste tellement il est ancien.

*

Enfin, le sarcastique et prophétique proverbe qui dit : « Rira bien qui rira le dernier » gagnerait à être ainsi modifié : « Quand celui qui rit le dernier a bien fini de rire, personne ne rigole plus. »

*

La vérité du proverbe : « La chair est faible quand elle est molle » n'a jamais été démontrée par des hommes d'honneur et des femmes de petite vertu.

*

Le proverbe : « Celui qui peut le plus peut le moins » ne veut rien dire. En effet, celui qui ne peut que le moins ne peut tout de même pas faire moins que ce qu'il ne peut pas faire de plus.

*

Il ne faut pas dire : « Fontaine, je ne boirai pas de ton eau », mais : « Garçon, je prendrais bien un demi. »

*

La nuit, tous les chats gris sont noirs.

*

Bonne randonnée vaut mieux que ceinture de chasteté.

*

Tant va la cruche à l'eau qu'à la fin elle est pleine.

*

Le proverbe « Il n'y a que le premier pas qui compte » est inexact. En effet, les suivants sont rarement gratuits.

*

Laisser aboyer les chiens pendant que la caravane passe, c'est prendre le risque de réveiller le quartier jusqu'à ce qu'elle soit passée.

*

On n'attrape pas les bateaux-mouches avec du vinaigre. Surtout sur une mer d'huile.

*

On n'attache pas son chien avec du vinaigre mais on attrape les mouches avec des saucisses.

*

Si l'appétit vient en mangeant, la faim vient quand on ne mange pas.

*

À l'ère nucléaire, le proverbe : « Le jeu en vaut la chandelle » doit être remplacé par : « Le jeu de l'espace en vaut la fusée. »

*

Naître ou ne pas naître, *that is the conception.*

*

Si un contradicteur vous a rivé votre clou, ne vous mettez pas martel en tête. Rivera bien qui rivera le dernier.

*

Si la vérité est dans le vin, qu'elle y reste !

*

Enghien vaut mieux que Dreux tu l'auras.

*

Sauf quand elles sont à l'ordre de l'armée, les citations n'ont pas besoin d'être exactes.

*

La devise du bon météorologue, c'est : « Chaque chose en son temps. »

*

Aux grands maux, les grands remèdes et aux mots croisés, les bonnes grilles.

*

S'il est vrai, comme l'a écrit Guillaume Apollinaire, que sous le pont Mirabeau coule la Seine, il est non moins vrai, comme l'a écrit le préfet de la Seine, que sur le pont Mirabeau ne poussent pas les mirabelles.

*

Par souci d'élémentaire respect de la vérité historique, il convient de rappeler que ce n'est pas François Villon mais Charles de Gaulle qui a dit : « Il n'est bon Québec que de Paris. »

*

DERNIÈRE MINUTE

De Santiago du Chili :

Les fiançailles officielles del señor Francisco Lopez avec la toute gracieuse Consuela del Suedo ont été fastueusement célébrées avant-hier au cours d'un somptueux déjeuner servi en el restaurante Pinpilinpansha, avenida Antonio Varas Eliodoro, 1888, Tél. 399-177. Les convives, composés d'une incroyable potée de parents et d'amis, étaient au nombre de 287 plus une bonne trentaine de *resquilleros*. Au milieu du festin, Francisco Lopez a passé au doigt de sa promise, toute rougissante de virginal émoi, une bague de fiançailles en alliage d'or entamé et de cuivre guilloché, ornée d'authentiques pierres précieuses imitant les fausses à s'y méprendre, achetée le matin même, avec facilités de paiement, chez Guardiola y Barraca, les célèbres joailliers de l'avenida Isidora Goyenechea, 3270. Puis, il lui a administré une magistrale paire de claques afin de lui faire perdre l'habitude de se moucher avec une pelle à tarte à la mode inca et de se faire sauter les points noirs à la casserole. Au dessert, chacun y est allé de son refrain et Francisco Lopez a fait battre bien des cœurs en l'honneur de sa belle et en dialecte typique araucan : « En avant les zouaves, dit la mère Michel en riant, ceux qui sont trop nouilles n'auront pas d'enfants. »
Les cérémonies du mariage civil et religieux sont prévues pour mercredi prochain, en matinée et en soirée.

*

C'est Benjamin Franklin qui a dit : « Patience et longueur de paratonnerre font plus que force ni qu'orage. »

GUERRE ÉPAIS

Pensées guerrières et secrètes (et réciproquement)

Les guerres surviennent toujours entre deux états de paix. Alors, supprimons les paix et nous n'aurons plus de guerres.

*

La discipline est la force principale de ceux qui ne savent pas se faire obéir sans commander.

*

Il n'est rien de tel qu'un peuple sincère pour défendre la paix des armes.

*

Pendant une guerre, aménager les caves en cas d'attaque aérienne n'empêche pas de faire de même pour les toits en cas de bombardements souterrains.

*

DERNIÈRE MINUTE

De Santiago du Chili :

Le mariage del señor Francisco Lopez avec la toute gracieuse Consuela del Suedo a été célébré solennellement en la iglesia de la Recalata Franciscana, calle Recalata, n° 220, en présence d'une assistance considérable et pieusement recueillie un peu partout. La bénédiction nuptiale devait être donnée par S. E. Antonio Varas-Eliodaro, cardinal archevêque de Combarbala (provincia de Coquinmbo), cousin de la señora Dolores Schtrumkopf, tante de la mariée. Malheureusement, le cardinal étant de nature extrêmement distraite a commis la sainte mais fâcheuse erreur de donner l'absoute en sifflotant le *De Profundis* au lieu de la formule traditionnelle. Il a été immédiatement, mais respectueusement, escamoté puis remplacé, à soutane levée, par le R. P. Tabalaba-Lota, de la compagnie des frères pétroliers, qui se trouvait, par hasard, au sein de l'assemblée.

Un déjeuner somptueux a suivi la cérémonie au restaurant El Rey de las Papas Fritas, galeria Antonio Varas, 1114. Un peu avant la furieuse bagarre qui ne pouvait manquer d'éclater entre les deux familles au moment de régler l'addition, les nouveaux mariés se sont éclipsés à l'indienne pour gagner leur nid nuptial, situé au-dessus de la pharmacie de l'avenida San Martin. Un appartement composé d'un élégant deux-pièces avec kitchenette, salle d'eau et WC à la turque, au fond du laboratoire d'analyses.

*

Le jour où on désarmera le béton armé, on aura fait un grand pas vers le désarmement général.

*

Le monde connaîtra la paix quand les hommes apprendront la géographie sur des cartes de visite.

*

Si la prudence est la mère de la Sûreté nationale, la direction de l'Interpol est la belle-sœur de celle des Renseignements généraux.

*

Pour mener à bien une mission, un bon agent secret doit toujours voir les choses venir de loin pour être en mesure de les regarder de plus près.

*

Pour se garantir des coups bas, il ne doit porter que des slips blindés équipés d'un émetteur à ondes courtes avec batterie de rechange et dispositif de recharge automatique.

*

Pour s'asseoir, il ne doit compter que sur ses fesses.

*

En cas de coup dur, le bon agent secret doit tirer d'abord, viser ensuite et réfléchir après.

*

Devant un adversaire supérieur en nombre, il doit être plus fort que lui en calcul mental.

*

Il doit être capable de se camoufler en garçonnet, en basset, en saule pleureur, en pin parasol ou en chandelier à sept branches. Le déguisement en pin maritime est uniquement réservé aux services de renseignements de l'Aéronavale.

*

Au téléphone, il doit composer toujours un faux numéro pour mieux dissimuler celui qu'il désire obtenir.

*

Quand il se sent épié par un agent ennemi, il doit le repérer et l'épier à son tour afin de le dérouter, de manière à ce qu'il ne sache plus exactement si celui qui l'épie ne l'épie pas aussi, et si, tout en épiant, il n'est pas lui-même épié par celui qu'il est chargé d'épier en qualité d'homme de main, c'est-à-dire par les pieds.

*

Il doit savoir imiter à s'y méprendre le cri de la langouste en chaleur et l'appel nostalgique du ver solitaire au fond des bois.

*

Un bon agent secret circonspect et méfiant par profession a pour devoir élémentaire, s'il est appelé à entrer en contact top intime et ultra particulier avec une personne du sexe féminin quelque peu suspecte, de vérifier préalablement, soigneusement, et scrupuleusement, s'il ne s'agit pas, en la secrète occurrence, d'un homme camouflé en femme.

*

Un agent double ne doit jamais se donner rendez-vous avec son double au même endroit sous peine de se retrouver tout seul avec lui-même dans un lieu différent.

*

Les agents de l'Intelligence Service qui, dans le service, en sont dépourvus sont appelés les agents de l'Imbecility Service.

*

Il faut se méfier des ennemis intelligents. Bien que ce ne soit pas très intelligent d'être votre ennemi.

*

DERNIÈRE MINUTE

De Santiago du Chili :

Une nouvelle pancarte orne désormais la devanture de l'officine de l'avenida San Martin. Elle est ainsi rédigée : « M. Francisco Lopez et madame, à la suite de leur récent mariage, informent leur fidèle clientèle que la fermeture de leur pharmacie est prolongée, pour causes postnuptiales de réglage de consommation conjugale, d'allumage, de mise au point définitive, d'indispensable recharge d'accus mais aussi pour terminer leurs préparatifs de départ. »

TRANCHES DE VIE

Pensées tripières et charcutières

Tout ce qui est charcutier est nôtre disent les gens d'extrême droite et tout ce qui est tripier est à nous, disent les gens d'extrême gauche.

*

Un vieux proverbe charcutier dit : « Quand les pieds de porc sont fatigués à la Sainte-Menehould, ils vont se reposer à la Sainte-Saumure.

*

Les boudins de sang bleu sont les aristocrates de la charcuterie et ceux de sang noir, les anarchistes de la triperie.

*

Le gras-double, c'est du gras simple multiplié par six et divisé par trois.

*

Quand un client demande à un tripier si ses tripes sont à la mode de Caen, et que celui-ci répond qu'elles sont à la mode de quand elles ont été accommodées, c'est bon signe pour le maintien du prestige de la haute triperie normande.

*

L'inventeur de la saucisse, c'est Cicéron, puisque le bout de la saucisse est rond.

*

Quand la chipolata a le boyau de mouton à la rigolade, c'est excellent pour le moral joyeux de la triperie-charcuterie mondiale et internationale.

*

Ceux qui ont le cerveau las sont ceux qui sont fatigués de manger du cervelas cérébral.

*

Aux derniers états généraux de la charcuterie française, le petit salé a élevé une vigoureuse protestation contre l'interdiction qui lui est faite de devenir grand. Et il n'a pas mâché ses condiments pour demander au président de séance s'il était du lard ou du cochon.

*

La galantine, c'est la fête galante du palais des gourmets.

*

L'historien grec Plutarque est le premier à avoir traité de la charcuterie historique dans son mémorable *De virisillustratibuscharcuturum*. Et cela, au chapitre XXVIII sous le titre « Des contradictions de la morale charcutière face à celle des stoïciens et à la doctrine charcutière philosophique de Zénon ». Ryngard de Syracuse a repris le flambeau dans son ouvrage très documenté *De la philosophie du museau de bœuf au siècle de Périclès.*

*

Après avoir dit « Je pense donc je suis », René Descartes s'est exclamé « Je saucissonne donc je m'en paie une tranche. »

*

Les charcutiers qui font du lard pour le lard sont comparables aux artistes qui font de l'art pour l'art.

*

Si la triperie-charcuterie n'était pas ce qu'elle est, les tripiers-charcutiers ne seraient pas ce qu'ils sont. Et réciproquement.

*

DERNIER QUART DE MINUTE

De Santiago du Chili :

Nous venons d'apprendre que M. Francisco Lopez et madame s'embarqueront dans trois jours à l'aeropuerto Los Carillos San Antonio, à bord d'un Boeing d'Air France, à destination de Paris. Le lendemain, le couple pharmaceutique sera officiellement reçu au palais de l'Élysée par le président de la République française pour fêter la Saint-Pruneau-Cuit-Pruneau-Cru.

ATOUT CŒUR

Pensées sur l'amour

L'amour platonique est à l'amour charnel ce que l'armée de réserve est à l'armée active.

*

L'amour caché, c'est de la dissimulation de fonds secrets non déclarés.

*

Il n'y a jamais personne à l'enterrement d'un amour mort.

*

D'après le théorème de Schpotzermann, inspiré du principe d'Archimède et d'après mon expérience personnelle, l'amour physique se définit comme suit : « Tout corps humain plongé dans un autre après avoir subi une plus ou moins forte poussée plus ou moins horizontale dirigée d'arrière en avant et alternativement perd une partie de son fluide égale au poids du volume qu'il déplace. »

*

Pourquoi, à l'instar des objets, n'existe-t-il pas un bureau des amours perdues et trouvées ?

*

Le terrain de l'adultère est un adultérin à vendre ou à louer.

*

Quand on aime, on a toujours 20 ans et quand on a 20 ans, on aime toujours.

*

Dans le domaine de l'amour physique, une promesse non tenue est une tenue blanche.

*

L'aboutissement normal de tout phénomène de synthèse érotico-sentimentale ne peut être court-circuité que par suite d'une panne de secteur d'un des deux éléments de contact.

*

L'amour paternel et l'amour maternel sont les deux mamelles de l'amour filial.

*

L'attraction mutuelle et réciproque de deux êtres d'appartenance sexuelle différente est la résultante du passage de deux courants qui traversent leurs éléments de contact, qu'ils soient alternatifs ou continus.

*

Quand les pôles d'attraction de deux êtres se rejoignent brusquement, l'étincelle produite par le choc allume le feu qui fait fondre la glace des éventuelles frigidités.

*

Pour que l'amour conjugal ne sombre pas dans la routine, il importe que ses rapports soient rédigés dans un style différent de celui employé dans la rédaction des actes de consommation courante.

*

Les chromosomes sont les tickets modérateurs de la génération tant spontanée qu'universelle.

*

C'est quand l'amour fou pique une crise de folie furieuse qu'il faut passer la camisole de force aux sentiments délirants.

*

C'est l'amour explosif qui fait sauter les boutons de braguette.

*

La caresse est la mère de tous les vices.

*

Les préservatifs sont les accessoires de l'amour masqué.

*

Un amour qui renaît de ses cendres n'était qu'un amour en hibernation.

*

L'amour est complet quand il n'y a plus de place à l'intérieur du cœur.

*

Ceux et celles pour qui l'amour consiste uniquement à s'envoyer en l'air ont intérêt à ouvrir leur parachute pour freiner la descente.

*

Quand deux conjoints sont en état de rupture, c'est que le joint de culasse de leur amour conjugal a sauté.

*

En amour offensif, quand les cœurs battent la charge, c'est le signe de l'assaut final donné à la position à enlever.

*

Quand le clairon de l'amour sonne l'extinction des feux amoureux, la démobilisation générale des sens n'est pas loin d'être décrétée.

*

L'amour est parfois une aventure dont certains n'en reviennent pas d'être revenus.

*

L'amour gratuit, c'est le don de soi-même à titre gracieux.

*

Si l'amour est une chanson de charme, il sait être aussi une chanson de gestes.

*

Quand le passif d'un amour dépasse son actif, c'est la faillite de cet amour ou, tout au moins, le dépôt de son bilan amoureux.

*

Un amour débordant, c'est un torrent qui sort de son lit pour entrer dans un autre.

*

Les prémices de l'amour sont les amuse-gueule du festin de volupté.

*

Ce n'est pas parce qu'un amour est éperdu qu'il est perdu pour tout le monde.

*

L'amoureux solitaire est le plus souvent un naufragé du cœur involontaire.

*

L'amour qui se déchaîne, c'est un fleuve en crue qui ne se contrôle plus.

*

Quand on fait l'amour en chantant, il faut s'efforcer de chanter juste sans quoi on risque de faire des fausses notes qui flanqueront par terre la chanson amoureuse.

*

Les audacieux en amour sont les meilleurs vendeurs de prêt-à-porter sur le lit.

*

L'amour ne se mouille jamais dans les cœurs desséchés.

*

Les déclarations d'amour ne sont pas incompatibles avec les déclarations de revenus, bien que ce soit rarement avec amour qu'on rédige celles-ci.

*

Entre l'amour au mois complet et l'amour à l'année entière, il y a l'amour à la petite semaine.

*

En amour, tous les coups sont permis, même et surtout les plus bas qui sont spécialement recommandés.

*

Un amour mort et réduit en cendres ne se met pas en terre, mais se disperse au vent.

*

Quand l'amour bout à gros bouillons, c'est qu'il transpire parce qu'il a beaucoup trop chaud.

*

Quand on perd la tête pour une histoire de cœur, c'est qu'on manque d'estomac.

*

Ceux qui vivent sur un grand pied ont toutes les raisons du monde de se marier en grande pompe.

*

Faire l'amour sur un cheval, sur une balançoire, sur une échelle, sur une planche à bascule ou au bord d'un toit en pente, c'est risquer amoureusement, mais dangereusement de se casser vachement la gueule.

*

Pour qu'une nuit de noces soit vraiment nuptiale, il faut qu'elle se déroule à la lumière tamisée de l'obscure clarté des trente-six chandelles de l'amour conjugal.

*

Le viol, c'est l'amour par effraction.

*

La contraception volontaire dans l'acte d'amour, c'est le repli organisé sur des positions préparées à l'avance ou de la marche arrière préméditée.

*

L'amour strictement conformiste, c'est la bureaucratie amoureuse. En revanche, l'amour systématiquement anticonformiste, c'est l'anarchie des sens.

*

Si l'amour possédait un sixième sens, il percevrait un impôt sur les cinq autres.

*

La sensualité pure, c'est l'eau lourde de l'amour.

*

Les chants d'amour les plus harmonieux sont ceux qui sont accompagnés par un orchestre de musique de chambre à coucher.

*

Les arpèges amoureux sont, en attraction passionnelle, les montagnes russes de l'amour.

*

La musique sacrée ne concerne que l'amour divin, ce qui n'est pas une raison pour massacrer la musique profane par amour excessif de la musique divine.

*

S'aimer toujours, pour nombre de couples, ne signifie pas, pour autant, s'aimer à jamais.

*

Les scènes de ménage sont souvent l'œuvre de couples qui n'ont plus rien à se dire.

*

L'amoureux solitaire épris de narcissisme fait toujours bande à part.

*

Pour que l'homme n'ayant pas de chemise soit heureux, il faut que la femme qui l'accompagne n'en porte pas non plus.

*

En amour qualitatif et numérique, tirer un bon coup avec un bon numéro, c'est agréable. En tirer un mauvais avec un numéro qui ne vaut pas mieux, ça l'est beaucoup moins.

*

DERNIÈRE MINUTE

De Santiago du Chili :

Il est maintenant certain que l'entretien privé entre le président de la République française et le pharmacien Lopez a eu lieu, comme prévu, hier à l'Élysée. À 15 heures précises, M. Francisco Lopez est entré dans le cabinet présidentiel. Il en est ressorti à 15 h 04 minutes en vol plané, pour aller atterrir, à bonne distance, dans les jardins, au milieu d'un buisson d'aubépines du Népal.

— Oh ! oh ! a alors murmuré le chef des huissiers, les Chiliens volent bas ce soir.

— Oui, c'est signe de verglas, a ajouté son subordonné préféré.

Quant à M. Francisco Lopez, le visage largement épanoui, il a déclaré aux journalistes venant de suivre la scène :

« Le geste apparemment inamical du président de la République française est, au contraire, pour moi, hautement honorifique. Le chef de l'État, qui connaît admirablement les coutumes ancestrales de mon pays, a tenu à me recevoir en pratiquant, en mon honneur, le salut rituel des Incas, sous la domination desquels le Chili se trouvait avant la conquête espagnole. Lorsqu'ils voulaient manifester leur amitié à des étrangers, ils les expédiaient d'un formidable coup de pied dans les fesses, le plus loin possible. Or, d'après mes calculs, votre président de la République m'a fait effectuer un saut de 65,72 mètres, alors que le grand roi Atabaliba, un colosse régnant en 1531, n'a jamais pu envoyer à plus de 49 mètres les étrangers qu'il souhaitait honorer. C'est dire en quelle estime me tient monsieur le

président de la République française. Il m'a d'ailleurs fixé un nouveau rendez-vous, à la française cette fois-ci, pour mardi 11 h 45. »
À l'issue de cette déclaration, M. Francisco Lopez s'en est allé rejoindre sa jeune épouse qui, en l'attendant, faisait une partie de craps à 3 escudos le point avec le chef bagagiste de l'hôtel Matignon (4 étoiles) où le couple pharmaceutique occupe l'appartement 421.

*

Le démon de midi arrive souvent à 14 heures.

*

On ne badine pas avec l'amour, a écrit Musset, mais moi, je dis qu'il y a des vicieux qui font l'amour avec une badine et même avec une trique.

*

Aujourd'hui, en amour, on ne fait plus la cour à une femme, on bouscule son jardin.

*

La prostitution, c'est l'armée de métier de l'amour vénal dont la discipline vénalement consentie fait la force principale.

*

Le tendre et nuancé : « Souffrez, madame, que je vous fasse offrande des flammes amoureuses de mon cœur embrasé » du temps de Marivaux a fait place au brutal et direct : « Alors, mignonne, on casse un œuf ou on trempe la soupe ? » de nos jours sans nuance.

*

Les filles de joie ne sont pas uniquement faites pour ne consoler que les hommes de peine.

*

Une femme mariée à un homme qui la trompe avec la femme de son amant, laquelle trompe son mari avec le sien et qui en est réduite à tromper son amant avec celui de sa femme parce que son amant est son mari et que la femme de son époux est la maîtresse d'un homme déshonoré par l'amant d'une femme dont le mari trompe sa maîtresse avec la femme de son amant ne sait plus où elle en est ni ce qu'elle doit faire pour ne pas compliquer encore une situation qui l'est déjà suffisamment comme ça.

*

L'amour à un, c'est l'amour unilatéral et anormal.

*

L'amour à deux, c'est l'amour normal et bilatéral.

*

L'amour à trois, c'est l'amour triangulaire et tripartite.

*

L'amour à quatre, c'est l'amour quadrangulaire et au carré.

*

L'amour à cinq, c'est l'amour quinquennal conforme à ce qui fut le plan du même nom.

*

L'amour à six, c'est l'amour hexagonal et pyramidal.

*

L'amour à sept, c'est l'amour septennal qui peut faire des Sept Familles un jeu de l'amour.

*

L'amour à huit, c'est l'amour octogonal qui se fait en faisant des huit.

*

L'amour à neuf, c'est l'amour qui se pratique sur ou sous le pont du même adjectif numéral.

*

L'amour à dix, c'est l'amour systématique du système décimal.

*

L'amour à onze, c'est l'amour fatal au bouillon de la même heure.

*

L'amour à douze, c'est l'amour à la Louis douzième du nom ou à la Père du peuple, qui s'exerce avec une douzaine d'huîtres en bandoulière, une douzaine d'escargots en sautoir et une grosse de moules en couronne autour du ventre.

*

L'amour à treize, c'est l'amour à la mêlée de rugby du même nombre.

*

L'amour à quatorze, c'est l'amour monarchique absolu à la façon du Roi-Soleil, la canne à rubans en évidence et la perruche à crans par-dessus.

*

L'amour à quinze, c'est l'amour royal, vénérable et vénérien à la manière particulière, personnelle et portée sur la bagatelle de Louis le Bien-Aimé, le Bien-Roulé et le Bien-Vérolé.

*

L'amour à seize, c'est l'amour chic et snob, spécial et compliqué, à la mode amoureuse des initiés associés du seizième arrondissement, le cul dans un grand seau à glace rompue et les œuvres vives des convives sur le clavier d'un large piano à longue queue de concert, à pédale tantôt douce, tantôt forte et à couvercle rabattu.

*

L'amour à dix-sept, c'est l'amour en enfilade et à la poussette à la va-comme-je-t'enfile et à la va-comme-je-te-pousse.

*

L'amour à dix-huit, c'est l'amour en rond et à la sauvette à la va-comme-je-te-tourne et à la sauve-qui-peut.

*

L'amour à dix-neuf, c'est l'amour à la « Dis-moi si ce que tu tiens est neuf, je te dirai si ce que je tiens est veuf ».

*

L'amour à vingt et au-delà, ce n'est plus de l'amour, mais une belle cochonnerie proprement dégueulasse. Poil à la mélasse de dernière classe.

*

DERNIÈRE MINUTE

De Santiago du Chili :

On vient d'apprendre que l'entretien privé entre le président de la République française et M. Francisco Lopez, prévu à Paris mardi à 11 h 45, n'a pu avoir lieu par suite d'un insolite malentendu. En effet, M. Lopez, soucieux de rendre hommage à son hôte et de l'honorer, a cru bon de se présenter à l'Élysée en tenue de gala de grand chef sorcier inca, coiffé d'un béret basque empanaché de plumes multicolores, chaussé de mocassins vert épinard, le torse drapé dans un poncho bigarré sous lequel apparaissait une tunique de caporal des mobiles de l'Ardèche. Les jambes serrées dans un pantalon en poils de guanaco à pattes d'éléphant, fendu au genou et orné de motifs plus ou moins avouables, il portait également à la ceinture un lasso, un tomahawk de chez Hermès, un totem de la Samaritaine, un carquois contenant des flèches empoisonnées par sa belle-mère, plus, autour du cou et en sautoir, un collier d'oreilles séchées et quatre scalps d'Espagnols du temps de la conquête. Quelque peu interloqué, le sous-officier de garde a immédiatement alerté le directeur du protocole, lequel a aussitôt donné un coup de fil, suivi, cinq minutes plus tard, de l'arrivée d'un car de luxe de police secours « spécial VIP ». Des agents ont courtoisement fait monter notre homme et l'ont conduit, toutes sirènes hurlantes, au cirque Pinder où il a été accueilli avec enthousiasme. Le directeur lui a proposé de l'engager sur-le-champ et de débuter le soir même dans un numéro de pharmacien sauvage avec des suppositoires en cuivre de 2,5 kilos chacun. Un coup de fil du ministre des Affaires étrangères en

personne a mis fin à ce projet d'attraction. Dans les minutes qui ont suivi, M. Francisco Lopez a été reconduit à l'appartement 421 qu'il occupe à l'hôtel Matignon (carte American Express acceptée), où il a retrouvé sa charmante épouse.
Le président de la République française, mis au fait de l'événement, l'a pris avec bonne humeur et a fixé un nouveau rendez-vous au trop consciencieux potard pour dimanche prochain, à 14 h 30, au fort de Brégançon.

*

Si, par malheur, Claude Debussy avait été frappé d'impuissance créatrice, il n'est pas douteux que, à la place du *Prélude à l'après-midi d'un faune*, il eût écrit le *Prélude à la soirée d'un sexe aphone*.

ANTIQUE MAIS PAS EN TOC

Pensées de Mordicus d'Athènes (186-83 au fond de la deuxième cour à droite, avant J.-C.)

Une bonne méditation demande un cadre approprié. En ce qui me concerne, je ne peux méditer qu'au bord de quelque chose : au bord d'une mer, d'un ruisseau, d'un coteau, d'une fenêtre, d'un chapeau ou d'une assiette creuse. Le seul moyen, justement, que mes réflexions ne le soient pas.

*

Le sage ne remet jamais à deux mains ce qu'il peut faire avec une seule.

*

La véritable philosophie éthylique consiste à boire pour boire, comme les vrais artistes font de l'art pour l'art, à l'instar des purs exhibitionnistes qui exhibent pour le plaisir d'exhiber.

*

Que celui qui n'a jamais pinté me jette le premier verre.

*

Le glorieux siècle de Périclès n'aurait pas été ce qu'il fut si Périclès lui-même n'y avait pas personnellement vécu et légiféré pendant qu'il y était, et réciproquement.

*

Si, pour chercher un homme, Diogène tenait une lanterne allumée à la main en plein jour, une femme n'a pas besoin de s'en accrocher une au derrière pour en trouver deux ou trois en pleine nuit.

*

Si, d'après Eschyle et Euripide, Électre est la mère des électrons, ce sont les moines du mont Athos qui, les premiers, ont percé le secret athosmique.

*

Celui qui a la vue basse et marche le front haut a toutes les chances de rouler dans la poussière et de se retrouver à plat ventre, au pied du Parthénon, après en avoir brutalement dévalé les degrés, et avant même que la Pythie de Delphes ait pu le prévenir à temps de ce qui lui pendait inéluctablement au nez.

*

Qu'on l'admette ou non et que ça plaise ou pas, les colonnes d'Hercule, pour viriles qu'elles soient, sont aussi bien descendantes que montantes, et réciproquement.

*

Si tous ceux qui méritent d'aller se faire voir par les Grecs y allaient tous ensemble et spontanément, la Grèce serait trop petite pour les contenir tous à la fois et en même temps.

LE B.A.-BA DE D-A-C

Pensées inclassables

La parole sans réflexion, c'est des olives sans saucisson.

*

La chance est une question de veine.

*

La façon de remercier dépend de ce que l'on reçoit.

*

Il vaut mieux démarrer sur les chapeaux de roues que sur les chapeaux de piéton.

*

Il faut toujours laisser s'asseoir quelqu'un que l'on soupçonne. C'est le meilleur moyen de le faire passer à table.

*

Quand une personne à qui vous avez rendu service vous dit : « Je ne sais vraiment pas comment vous remercier », répondez-lui : « Quand vous le saurez, n'hésitez pas à venir me le dire. »

*

On dit d'une femme qu'elle est sans âge quand elle a passé celui d'en avoir un.

*

Les femmes aux petits seins sont dans le peloton de tête.

*

Ceux qui ont le menton en galoche et dont les dents se déchaussent y mettent vraiment de la mauvaise volonté.

*

Le langage de la jeunesse d'aujourd'hui est à faire rougir le blanc de blanc. Ce ne sont qu'abréviations, borborygmes gratuits, raccourcis impudents, phrases tronquées et mutilées. Tandis que, dans d'autres temps, on disait : « T'en as, un œil, on dirait un fauteuil », ou : « Poil au bec de gaz, mon cul sur la commode et poil au chandelier, mon cul sur la cheminée. » Ça, au moins, ça voulait dire quelque chose !

*

De nos jours, on manque d'éducation : on dit « merde » comme on respire. Et quand on respire mal, on le dit vulgairement et grossièrement.

*

Si la natalité est en baisse et si l'on manque d'enfants, c'est la faute de nos grands-parents qui n'ont pas fait assez de parents.

*

C'est parce que la cire est molle que les temps sont durs.

*

Un kilo de plomb est nettement plus lourd qu'un kilo de plumes. Si quelqu'un vous dit le contraire, frappez-le alternativement, à poids égal, avec l'une ou l'autre de ces matières. Il ne devrait pas tarder à vous donner raison.

*

Quand deux personnes se racontent des histoires, ils ne pensent qu'à placer la leur, dès que l'autre aura fini de raconter la sienne que, d'ailleurs, ils n'écoutent pas.

*

On a beau intervertir l'ordre des facteurs, le courrier n'arrive pas plus vite.

*

Faire une grosse tête à un prétentieux qui l'a enflée n'est pas à la portée de la main du crâne de n'importe qui.

*

Pour un chasseur, il n'y a rien de plus simple que de passer l'arme à gauche : il lui suffit de changer son fusil d'épaule.

*

Le joyeux montagnard est celui qui, en pleine tempête, s'amuse à remplacer le cognac contenu dans le tonnelet d'un saint-bernard par de l'huile de ricin.

*

On vole à des milliers de kilomètres au-dessus de la Terre, on descend à des centaines de mètres vers le centre de la planète, mais personne n'a jamais fait 1,75 mètre à gauche ou à droite de la planète. Si c'est ça qu'on appelle le progrès !

*

Quand on dira d'un homme distrait et rêveur qu'il est souvent dans la lune et qu'il y sera vraiment, je me demande la gueule que feront ceux qui ont les pieds sur terre.

*

Aux États-Unis, tout tourne rond parce que les rues sont à angle droit.

*

On est en droit de se demander comment se débrouillent les victimes d'un hold-up pour obéir à un gangster qui leur commande : « Haut les mains, bas les pattes et que personne ne bouge. »

*

Entre une pipe allumée et un cigare éteint, il n'y a pas plus de différence qu'entre une tranche de veau froid et une paire de saucisses chaudes.

*

Le jour où tous les peuples se rendront compte que le repos constitue une atteinte délibérée à la liberté du travail, la production mondiale deviendra enfin ce qu'elle devrait être.

*

Ceux qui ont le nez creux sentent de loin ce que les myopes ne voient que de près.

*

L'idée est un blé dont le grain semé finit toujours par produire un jour ou l'autre un pain de quatre livres.

*

Se mettre au service de la veuve et de l'orphelin ne dispense pas pour autant, quand l'occasion s'en présente, de défendre également le veuf et l'orpheline.

*

Il ne faut pas battre les tapis après 22 heures, même avec une fleur.

*

Ceux qui ont une tête d'homme de main n'ont aucune raison de casser les pieds à qui que ce soit.

*

Sur le plan physiologique, l'égalité des sexes est une flagrante irréalité puisque, en évidente réalité, il n'existe pas de sexes masculins de la même longueur et de la même grosseur, pas plus qu'il n'existe de sexes féminins de la même largeur et de la même profondeur.

*

Quand on entre dans une boutique et qu'il n'y a personne, ce n'est vraiment pas la peine de dire bonjour.

*

L'homme qui, de temps à autre, ne cherche pas à s'évader du souci quotidien pour s'occuper des tracas journaliers est comparable à celui qui, à force de manger des crêpes, finit par avoir l'estomac en deuil.

*

Les bleus d'Auvergne ne sont pas forcément de jeunes incorporés originaires de la province d'Auvergne.

*

Il ne faut pas confondre un fromage de Hollande avec un faux mage de Finlande.

*

On peut parfaitement recevoir un mauvais gauche tout en étant dans son bon droit.

*

La pluie du matin réjouit le pèlerin mais trempe les pèlerines.

*

Les meilleures et les plus solides épingles de sûreté sont les épingles de sûreté nationale.

*

Un contestataire est un homme en colère qui conteste, et non un idiot en fureur qui fait son testament.

*

Les pense-bêtes sont les porte-clés de la mémoire.

*

Il ne faut pas confondre le moi de son soi avec le mois de sa naissance, mais avec les fins de mois difficiles.

*

Une grande belle grille en fer forgé pour se protéger ne vaudra jamais une grande belle grillade au feu de bois pour se restaurer.

AU FIL DES PENSÉES ET DES ANNÉES

Les premiers aphorismes de Pierre Dac datent de ses débuts au cabaret La Vache enragée, en octobre 1922 ; les derniers sont nés de son esprit cartésien au début des années 1970, quelque temps avant qu'il choisisse d'aller voir l'au-delà de plus près, et nous quitte par manque de savoir-vivre. Ses pensées ont déjà traversé plusieurs époques et cela ne fait que commencer, puisqu'elles sont éternelles.

ANNÉES 1920

La timidité remonte à l'époque glacière, ce qui explique chez le timide le manque absolu de chaleur dans ses manifestations extérieures.

*

Si tout ce qu'un jour on m'a prédit ne se réalise pas, tant pis. L'espoir d'avoir ce qu'on n'a pas vaut souvent mieux que ce que l'on a.

*

Ceux qui ont des idées très arrêtées doivent veiller en permanence à ce qu'elles ne partent jamais.

*

La fonction crée l'organe, dit-on. Moi, je veux bien mais je ne vois pas comment certains organes pourraient être créés par des fonctions qui, pour être accomplies, nécessitent le concours d'organes que... Enfin, bref !

ANNÉES 1930

Il n'entre dans le pouvoir de quiconque d'empêcher l'avènement de ce qui doit inéluctablement arriver, à condition toutefois que ce qui doit arriver trouve la possibilité d'arriver à parvenir au point d'arrivée de sa destination.

*

Celui qui ne sait pas ce qu'il veut mais qui sait ce qu'il ne veut pas est comparable en tout à l'homme en marche qui refuse de faire demi-tour pour ne pas voir ce qu'il a dans le dos.

*

À ceux qui prétendent que je ne sais pas ce que je dis, je réponds, pour ma part, que j'estime parfois préférable de ne pas savoir ce qu'on dit que de dire ce qu'on ne sait pas.

*

En cas de luttes intestines, il ne faut jamais hésiter à procéder à une purge gouvernementale.

*

Quand les Français sont en élection, il peut y avoir des filles-maires.

*

Celles et ceux qui sont pour ou contre les corridas sont néanmoins d'accord sur un point : tous les toréadors sont des bouchers à l'arène.

ANNÉES 1940/1950

On se doit de saluer l'ami que le ciel vous a donné. Car il n'est rien de mieux qu'un bon amidonné.

*

S'il n'est de pire sourd que celui qui ne veut rien voir, il n'est aussi de pire aveugle que celui qui ne veut qu'écouter ceux qui ne disent rien.

*

Autant en emporte le vent, dit le dicton. Je m'étonne que depuis si longtemps que le vent emporte les choses, il puisse encore en rester.

*

Le bon chemin est celui qui mène au carrefour des décisions idéales, d'où partent les voies parallèles aboutissant à l'angle droit du virage des solutions incurvées.

*

Un espoir est réalisé ou déçu. Le jour où il est réalisé et déçu, il n'y a plus d'espoir.

DERNIÈRE MINUTE

De Santiago du Chili :

L'entretien privé que le président de la République française avait réservé à M. Francisco Lopez pour dimanche à 14 h 30, au fort de Brégançon, a été, une fois de plus, voué à l'échec. Pourtant soucieux d'être exact au rendez-vous, M. Francisco Lopez, seul au volant d'une 2 CV grand sport aimablement prêtée par l'ambassade, avait pris le départ à 6 h 45 pile. Il s'était tout à fait normalement engagé sur la nationale 7, puis, à la suite d'une manœuvre inexplicable, s'est perdu dans la banlieue de Lyon, est reparti au pifomètre pour se retrouver, après d'incroyables détours, dans un village de montagne proche de Briançon. L'approximative similitude de nom lui laissa à penser qu'il se trouvait enfin tout près de sa destination. Il demanda alors à un villageois où se trouvait le fort. Celui-ci, après un court instant de réflexion, lui a répondu :

— M. Fort, vous voulez dire ? C'est celui qui tient le café-tabac à 50 mètres d'ici…

Aussitôt dit, aussitôt fait. Quelques instants plus tard, M. Francisco Lopez pénétrait dans le café et demandait qu'on l'annonçât au président de la République. Le prenant pour un déséquilibré, le brave commerçant a alerté la gendarmerie qui a aussitôt dépêché un brigadier pour contrôler les papiers du pharmacien itinérant. Au vu du carton officiel signé de la propre main du président de la République française, il s'est empressé de téléphoner au fort de Brégançon. Le sous-chef adjoint au secrétariat général particulier et privé du directeur de cabinet, mis au courant de la situation, a répondu que monsieur le président de la République commençait à en avoir par-dessus l'inconditionnel de M. Francisco Lopez mais que, néanmoins, il lui accordait un nouveau rendez-vous pour le mercredi suivant à 19 heures au bar de l'Élysée-Matignon. Le potard a ensuite repris la direction de Paris où il est arrivé vers 5 heures du matin. Il a alors retrouvé sa tendre épouse en train de frapper à coups redoublés et avec une machette sur une table de bridge qu'on lui avait livrée dans la journée, en vociférant à tue-tête :

— *Gracias, señor Ségalot, eso es mueble !*

ANNÉES 1960/1970

Qui peut le plus peut le moins, et qui paie moins peut payer plus.

*

Un peuple qui ne se repose pas est un peuple qui n'est pas loin de s'asseoir à côté de son derrière.

*

Bien des choses ne demeurent incompréhensibles que parce que personne ne les comprend. Il faut s'en souvenir chaque fois qu'on est sur le point de ne pas se le rappeler.

*

Nous vivons une époque où la moindre des choses vaut beaucoup d'argent et où beaucoup d'argent ne vaut pas grand-chose. La vie est dure mais cela n'empêche cependant pas l'existence d'être difficile ni les aigles d'être des faucons, d'autant plus que parmi ces derniers, il y en a des vrais.

*

Ce n'est pas encore après-demain la veille du beau soir où l'on flanquera une bonne potée de plastic dans la machine à emmerder le monde.

MISSION ACCOMPLIE, TERMINÉ

Pensées ultimes

Le calendrier est une invention néfaste. C'est à cause de lui qu'on se voit vieillir.

*

S'il n'est pas permis de vivre très vieux, qu'on nous laisse au moins naître plus tôt.

*

Il faut se suicider jeune quand on veut profiter de la mort.

*

Ne pas dételer est un bon principe à condition que les brancards tiennent bon la rampe.

*

La pensée s'en va, les mégots restent et le tout-à-l'égout.

*

Quand les bonnes actions sont en baisse à la bourse de la vie, c'est que les obligations de la société sont sujettes à caution.

*

Si nombre de gens ont peur de la mort, la mort ne craint personne.

*

La mort n'est, en définitive, que le résultat d'un défaut d'éducation puisqu'elle est la conséquence d'un manque de savoir-vivre.

*

Quand on est passé de vie à trépas, on n'a plus rien à craindre de la mort puisque celle-ci ne s'attaque qu'aux vivants.

*

Rien de ce qui est fini n'est jamais complètement achevé tant que tout ce qui est commencé n'est pas totalement terminé. Et tant que l'espoir demeure au niveau de l'espérance, il n'y a pas lieu de désespérer.

*

ULTIME DERNIÈRE MINUTE

De Santiago du Chili :

La nouvelle s'est répandue comme une traînée de poudre dans la capitale chilienne. L'entrevue entre le président de la République française et M. Francisco Lopez s'est enfin déroulée mercredi dernier au bar de l'Élysée-Matignon. En présence de ses principaux ministres, le chef de l'État a largement évoqué l'extraordinaire personnalité et les dons exceptionnels du pharmacien. Puis, en raison de la grave tournure que risquent de prendre certains futurs événements, il lui a proposé d'entrer dans les services secrets français en qualité d'agent spécial itinérant toutes catégories, sous l'immatriculation O.S. 3,1416 et en vue de missions ultérieures très importantes. Après avoir chaleureusement accepté, M. Francisco Lopez a pris congé de son hôte et a filé de toute urgence à l'appartement 421 de l'hôtel Matignon (cartes bleues acceptées). Après avoir fait ses bagages, le couple pharmaceutique est monté à bord d'une voiture blindée, a rejoint l'aéroport et s'est envolé à bord du vol AF 083, à destination de Santiago du Chili. Le nouvel agent réglera sa situation administrative et ses affaires avant de revenir à Paris. Cela n'empêchera pas, toutefois, la pharmacie Lopez d'être de garde, de gré ou de force, dimanche prochain à Santiago du Chili !

*

Il arrive, hélas, qu'on casse sa pipe après avoir été passé à tabac.

*

À l'éternelle et triple question, toujours demeurée sans réponse : « Qui sommes-nous ? D'où venons-nous ? Où allons-nous ? », je réponds : « En ce qui me concerne personnellement, je suis moi, je viens de chez moi, et j'y retourne. »

*

Voici les dernières paroles que je souhaite être en mesure de prononcer avant de rendre le dernier soupir : « Mission accomplie. Terminé. »

Voilà. Et maintenant, assez pensé pour aujourd'hui, vu que c'est suffisant pour le moment. Poil aux dents.

CONCLUSION

Le redoutable essayiste et virulent polémiste Jules Ignace Keskipu-Scelboucq, de l'Académie des inscriptions sur les murs et belles lettres recommandées, a écrit dans son fameux et captivant ouvrage *Des motivations de la conception conjoncturelle et de la conjoncture conceptionnelle considérées comme éléments conceptuels d'influence culturelle des industriels contractuels de la région d'Arkhangelsk* : « La conclusion est à un texte littéraire ce que la fermeture est à un hebdomadaire contestataire. »

C'est donc en vertu tant théologale et cardinale que sentimentale et fondamentale de cette combien édifiante et combien justifiante constatation que j'ai entrepris, sans me poser de question préalable ni m'adresser de préavis questionnaire, de rédiger et d'écrire la présente conclusion.

Selon toute logique et selon toute vérité de La Palice, la conclusion implique nécessairement l'obligation de conclure suffisamment. C'est là un fait qui n'est pas plus révocable en doute que niable en évidence, mais dont la proposition ne va pas sans poser un problème, lequel problème n'est autre que celui de la conclusion en tant que telle et telle qu'elle est en tant que tant.

Or, que doit être ma conclusion ? Ce qu'il est souhaitable qu'elle soit, certes et bien sûr, mais encore ?

Me voilà bien embarrassé – pardon – bien emmerdé voulais-je dire, pour répondre à la question, car je ne sais trop comment m'y prendre pour conclure de manière vraiment satisfaisante et de façon véritablement concluante. Pourtant, il faut que je m'en sorte sous peine d'y rester. Cruel dilemme et douloureuse alternative !

En définitive, toute réflexion faite et tout bien considéré, je pense, parce que je l'estime, et réciproquement, que le mieux pour en finir est de dire que ma conclusion est résolument conforme au texte qu'elle concerne, lequel texte est concerné par elle. C'est-à-dire qu'elle consiste à signaler que ce recueil de pensées, tant générales que spéciales, est fini parce que parvenu à son point d'achèvement, ce qui, incontestablement, rejoint indiscutablement la remarquable constatation de Jules Ignace Keszkipu-Scelboucq, duquel je vous recommande vivement la lecture de son captivant ouvrage cité à l'ordre du début de ce propos conclusif, qui, j'en suis aussi certain que persuadé, vous donnera autant à penser profondément qu'à réfléchir intensément.

Pendant que j'y suis et pendant que j'y pense, je vous recommande vivement également la lecture du non moins captivant ouvrage de l'éminent écrivain franco-japonais Tanki-Yoradla, de l'Institut des hautes études des marchés parallèles, du marché noir, des marchés en plein air, des marchés couverts et des marchés forains, intitulé *Histoire officielle et complète de la matière première depuis la nuit des temps jusqu'aux jours du nôtre*, qui vous donnera, lui, j'en suis aussi sûr que convaincu, autant à cogiter longuement qu'à méditer largement.

Voilà. Conclusion tirée, non pas par les cheveux, mais à quatre épingles et déposée, non pas comme une plainte en justice, mais conformément aux dispositions de la loi concernant la liberté de pensée du 12 prairial an II du calendrier républicain, un, indivisible, indestructible et indéfectible. Poil aux irréductibles. Terminé.

Poil au nez.

TABLE

Achevé d'imprimer par
Normandie Roto Impression s.a.s. à Lonrai
N° d'impression : 2406249

Imprimé en France